Ernst Günther Weber

Ansichten eines Zweiflers

Bibliografische Information der Deutschen Nationalbibliothek: Die Deutsche Nationalbibliothek verzeichnet diese Publikation in der Deutschen Nationalbibliografie; detaillierte bibliografische Daten sind im Internet über dnb.dnb.de abrufbar

Impressum: ©2021 Ernst Günther Weber
Herstellung und Verlag: BoD – Books on Demand, Norderstedt

ISBN9783755736493

für Ursel

und im Andenken an meine Großeltern

Ernst und Lili Könenkamp

Der Zweifel ist der Weisheit Anfang

René Descartes

Inhalt

Vorwort

Ich bin weder Theologe noch Philosoph. Ich bin *Mensch, purer blanker Mensch*[1], und ich bemühe mich, so zu schreiben, dass pure blanke Menschen meinen Gedanken folgen können.

> Die Gewissheit ist nicht so mein Ding,
> der Zweifel eine meiner besten Gaben.
> Mein Zweifel ist über jeden Zweifel erhaben.
> Daher so oft ich mit ihm ring.

Viele Menschen in unserer Weltgegend beschäftigen sich mit ihrer Religion nicht so intensiv, dass sie ihren eigenen Glauben in Zweifel ziehen. Sie sind in ihn hineingeboren worden. Es ist so, und es ist für sie richtig so. Religion spielt bei uns auch nicht so eine große Rolle. Vielleicht wäre es mir auch so gegangen, wenn ich nicht schon in jungen Jahren sehr eng in Berührung mit anderen Religionen gekommen wäre, und zwar in einer Weltgegend, in der Religion eine sehr viel wichtigere Rolle spielt als bei uns. Im Alter von zwanzig Jahren bin ich aus beruflichen Gründen nach Baghdad gegangen, habe zwei Jahre später eine arabische Christin katholischen Glaubens

---

[1] Ludwig Feuerbach bezeichnete sich so – in ironischer Bescheidenheit - , im Gegensatz zu Hegel, *Professor* der Philosophie, (Ludwig Winiger: Ludwig Feuerbach, Denker der Menschheit, S. 181)

geheiratet und bin so in eine Gesellschaft hineingeraten und habe in ihr gelebt, in der jeder Mensch durch seine Religion definiert wird. Das warf mit der Zeit ganz natürlich die Frage auf, was das für mich, evangelisch getauft und konfirmiert, aber ansonsten der Religion keine große Bedeutung beimessend, bedeutet.

Schon davor, als Fünfzehn- oder Sechzehnjähriger, noch in Deutschland, hat aber die Lektüre eines Buches mich angeregt, über Religion und mein Verhältnis dazu nachzudenken. Zu der Zeit, Anfang der Fünfzigerjahre, war die Bibliothek des Amerikahauses in Bremen im Kapitelsaal des Domes an der Domsheide, und ich bin gelegentlich dorthin gegangen, um mir Bücher auszuleihen. Eines dieser Bücher, das mich in diesen jugendlichen Jahren ganz besonders beeindruckt hat, war *„Zwei Sommer"* von Louis Bromfield, einem amerikanischen Bestsellerautor der damaligen Zeit, das ich mir zehn Jahre später noch einmal kaufte und nach Bagh-dad kommen ließ, und das ich jetzt ein drittes Mal gelesen habe, und das mich auch jetzt wieder – in ganz anderer Weise – bewegt und angerührt hat. Es ist ein Entwicklungsroman und handelt von zwei Sommern im Leben eines dreizehn bis vierzehn Jahre alten Jungen, dessen Eltern bei einem Schiffsunglück ertrunken waren, als der Junge zwei Jahre alt war, und für den der Großvater dann die Vaterstelle auf ganz ähnliche Weise eingenommen hat, wie es bei mir der Fall nach der Scheidung meiner Eltern war, und was ich bis heute als das größte Glück für die Entwicklung meines Lebens betrachte. Auch diese Parallele macht das

Buch für mich zu etwas ganz Besonderem. Heute kann ich es aus der Sicht eines Großvaters und Urgroßvaters lesen. Den Aspekt, in dem Bromfield in dem Buch auf Religion eingeht, werde ich im Kapitel *Religion und Moral* behandeln.

Geschehnisse, die mit der eigenen Entwicklung zusammenhängen, kommen einem immer wieder in den Sinn, bis ins hohe Alter und wahrscheinlich bis ans Lebensende.

Die Gewissheit, ob es Gott gibt oder nicht, habe ich zwar nicht, und dieser Mangel belastet mich nicht, aber dennoch mache ich mir Gedanken darüber, ob es ihn gibt, und wenn ja, welcher Gestalt und welchen Wesens er sein könnte. Diese Gedanken mache ich mir für mich, und da ich Missionieren ablehne, ist es nicht meine Absicht, Leser oder Leserinnen dieses Textes von der Logik meiner Gedanken zu überzeugen. Wenn meine Zeilen zum Denken anregen, betrachte ich es als Gewinn.

Ich möchte niemanden in seinen religiösen Gefühlen verletzen, am allerwenigsten meine eigenen leiblichen Nachkommen, die alle überzeugte und gläubige Christen sind. Wenn ich mir wünsche, dass auch sie diese Zeilen lesen, dann nur zu dem Zweck, ihren Vater, Großvater, Urgroßvater besser kennenzulernen. Falls sich dennoch jemand in seinen Gefühlen und Überzeugungen verletzt fühlen sollte, bitte ich schon vorab um Verzeihung.

Da ich nicht weiß, ob es Gott gibt, müsste ich bei jedem Gedanken über ihn hinzufügen, „falls es ihn gibt". Diese Einschränkung werde ich der Einfachheit halber nicht machen oder nur dort, wo es unbedingt notwendig ist.

Um meine Gedanken und Überlegungen zu verdeutlichen, werde ich mir von Philosophen und Dichtern aus der Antike, dem Mittelalter und der Neuzeit, in deren Denken über Glauben und Gott ich meine Vorstellungen wiederfinde, helfen lassen und aus ihren Werken zitieren.

Der Islam wird in meinen Ausführungen viel Raum einnehmen, da ich mich einerseits in meinem Leben viel mit ihm beschäftigt habe und weil er andererseits in der augenblicklichen gesellschaftlichen Debatte oft eine wichtige Rolle spielt.

Einleitung

Als Agnostiker weiß ich nicht, ob es Gott gibt oder nicht. Allerdings ist mir der Gedanke, dass es Gott gibt, sympathischer als der, dass es ihn nicht gibt. Wenn es ihn also - meinem Wunsche entsprechend - gäbe, wie wäre er dann, welcher Gestalt und welchen Wesens?

Die Muslime haben im Koran (arabisch: Qur'ān = Lesung) die 112. Sure, die Sure der Einheit – gemeint ist die Einheit Gottes - , in der sie sich von der Viel-götterei, wie auch insbesondere von der christlichen Vorstellung der Gottessohnschaft Jesu und der Drei-faltigkeit abgrenzen. Der Wortlaut dieser Sure in der deutschen Übersetzung von Friedrich Rückert heißt: *„112^e Sure – Bekenntnis der Einheit – 1 Sprich: Gott ist einer, 2 Ein ewig reiner, 3 Hat nicht gezeugt und ihn gezeugt hat keiner, 4 Und nicht ihm gleich ist einer. "*[2]

Diese Sure ist mir bei einer Andalusienreise wieder-begegnet. Auf dieser Rundfahrt besichtigten wir eine Kirche. Das Gebäude war in der Zeit der muslimi-schen Herrschaft Andalusiens eine Moschee und ist nach der Reconquista zu einem christlichen Gottes-haus umgebaut worden. In einem Vorraum der Kir-che ist jedoch als Rest der Moschee noch ein Teil des Mihrāb, der nach Mekka gerichteten Gebetsnische, erhalten. Beim Lesen der in Stein gemeißelten In-

---

[2] Der Koran, in der Übersetzung von Friedrich Rückert, Ergon Verlag, Würzburg 2001

schrift über dem Mihrāb, entdeckte ich, dass es der Text der 112. Sure des Korans ist. Ich wunderte mich darüber, dass dieser Text, der zentralen christlichen Glaubensinhalten widerspricht, hier erhalten geblieben ist. Die Erklärung kann nur sein, dass keiner der Priester oder Kirchenoberen diesen Text lesen konnte, denn sonst wäre er sicher schon vor langer Zeit entfernt worden. Eine Dame aus unserer Reisegruppe bat mich, ihr den Text zu übersetzen. Als ich ihrem Wunsch entsprach, sagte sie: „Ja, wenn es Gott gibt, könnte ich ihn mir so vorstellen." Das entspricht auch meiner eigenen Vorstellung.

Rest eines muslimischen Mihrābs, einer Gebetsnische, im Vorraum einer katholischen Kirche in Andalusien

Dabei ist mir der vierte Satz der Sure – *und nicht ihm gleich ist einer* – der Entscheidende. Dazu muss ich erwähnen, dass die Muslime, für die natürlich nur der arabische Wortlaut des Koran gilt, ihn anders - und aus ihrer Sicht richtiger - verstehen als ich. Der arabische Text lautet: ولم يكن له كفوا احد (wa lem yakun lehu kafuan aḥad). Das Wort „kafu" ist ein Vergleichen im Sinne von „sich messen mit". Das bedeutet, dass für die Muslime gilt: keiner kann sich mit Gott an Macht und Größe messen. Ich verstehe den Satz für mich jedoch eigensinnigerweise so, dass keiner ihm in irgendeiner - und gleich welcher Weise - vergleichbar ist, also dass mangels Vergleichbarkeit daher auch keiner eine Vorstellung von seiner Gestalt oder seinem Wesen haben und niemand seinen Willen kennen kann. Natürlich müsste ich für diese Vorstellung keine Sure des Koran bemühen. Doch die Poesie und Prägnanz dieser Sure gefällt mir so gut, dass es mir ein Bedürfnis ist, sie für meinen Zweck zu missbrauchen.

Ähnlich dachte aber auch wohl im 13. Jahrhundert ein Muslim, der große Sufi-Mystiker Dschellaladdin Rumi. Er schrieb in seinem mystischen Lehrgedicht *Mathnawi* den Doppelvers:

Was du auch denkst, es wird vergänglich sein –

Was kein Gedanke fassen kann, ist Gott.[3]

Dieser „Missbrauch" einer Koransure meinerseits und die Möglichkeit unterschiedlicher Interpretation macht aber erklärlich und deutlich, dass aus Sicht der

---

[3] Annemarie Schimmel, Rumi – Ich bin Wind und du bist Feuer, Köln, 1978, S. 87 (zitiert aus Mathnawi, II, 1307)

Muslime verständlicherweise nur der Koran in der arabischen Sprache Koran ist. Übersetzungen sind nur Annäherungen und sind nicht der Koran.

Zum Thema „Lesen / Rezitation" fällt mir etwas ein, was nicht zum Thema dieser Abhandlung gehört. Ich hoffe, man verzeiht mir mein Abschweifen. Im Arabischen schreien oder rufen die Singvögel, allerdings mit Ausnahme eines Vogels, der besonders hervorgehoben wird. Es ist die Nachtigall: sie liest oder rezitiert, vergleichbar dem Mu'ezzin, der die Gläubigen von der Höhe des Minaretts in gesungener Rezitation zum Gebet ruft.

Da ich nun schon mit dem Islam angefangen habe, füge ich gleich noch ein weiteres Zitat aus dem Koran an, in dem es um den Glauben geht. Der zitierte Satz ist auf jeden Glauben und jede Ideologie anwendbar.

Einer der Verse des Koran (2. Sure, Vers 256) beginnt mit dem Satz: „*Es gibt keinen Zwang im Glauben*". Viele muslimische Theologen und viele Islamwissenschaftler haben über die Bedeutung dieses Satzes geforscht und geschrieben. Allgemein vorherrschend ist die These, dass niemand zum („rechten") Glauben gezwungen werden dürfe, dass also der Satz als Imperativ zu verstehen sei, im Sinne von „es darf keinen Zwang geben." Manche Muslime glauben auch, diesen Satz als Ausdruck der Toleranz ihrer Religion hervorheben zu müssen.

Einige Wissenschaftler sind jedoch der Meinung, dass er mit der Bedeutung „es kann keinen Zwang geben" zu verstehen ist, also in einer – aus Missionarssicht – resignativen Bedeutung.

Egal, wie man den Satz versteht, die zweite, die resignative Version ist immer logisch. Ganz gleich, für welche Religion oder Ideologie man missionieren will, mit Zwang kann man höchstens ein geheucheltes, aber keinesfalls ein echtes Bekenntnis zum Glauben oder zu den Dogmen einer Ideologie bewirken.

Der Philosoph Ludwig Feuerbach bringt seine Religionskritik auf die knappe Formel: „Der Glaube ist die Vorstellung des Nichtseienden, aber Sein-Sollenden als Seienden."[4] Dies ist die für Atheisten geltende Formel. Als zum Positiven neigender Agnostiker würde ich sie variieren und sagen: Der Glaube ist die Vorstellung des möglicherweise Seienden als Seienden.

Nach meiner Erfahrung lassen die meisten Menschen in unserem Lebensraum, in Mittel- und Nordeuropa, die Glaubensinhalte und Dogmen ihrer jeweiligen Religion erst einmal über sich ergehen und ignorieren sie dann weitgehend, kaufen dann, wenn sie irgendwann einmal getauft wurden - und einige auch ohne das – zu Weihnachten Geschenke für ihre Familienangehörigen und lassen im Übrigen „den lieben Gott einen guten Mann sein". Sie sind sozusagen Karteileichen ihrer jeweiligen Religionsgemeinschaft. Ich

---

[4] Josef Winiger: Ludwig Feuerbach, Denker der Menschheit, Aufbau Taschenbuch Verlag GmbH, Berlin 2004, S. 312

war versucht zu sagen „Karteileichen Gottes", bin aber davon abgekommen – obwohl es so viel prägnanter und provozierender klingt - , weil für mich selbst Gott, wenn überhaupt, nicht als ein persönlicher Gott existiert.

Das Wesen der Religion

Die Menschen erleben in ihrem Leben Ereignisse und Entwicklungen, die sie nicht beeinflussen können, und die sich ihrer Kontrolle entziehen. Sie vermuten dahinter eine unsichtbare Macht oder ein höheres Wesen, das das bewirkt und steuert.

Der religiöse Glaube ist Wunderglaube. Die Propheten vermittelten durch ihre „Gotteserfahrungen", ihre Begegnungen und Gespräche mit Gott, den Menschen ihrer Umgebung, ihres Stammes oder Volkes, den Willen Gottes. Was sind das anderes als Wunder? Diese Wunder, da sie vom Volke geglaubt wurden, unabhängig davon, wie sie zustande kamen oder erklärt werden können, sind die Grundlage der Religionen. Ich konzentriere mich bei meinen Betrachtungen hauptsächlich auf die drei großen monotheistischen Religionen.

Judentum, Christentum und Islam haben dieselben Propheten. Alle lebten in derselben Region, und Religionsskeptiker oder –zweifler, wie ich, könnten vermuten, dass diese Wunder etwas mit dem entbehrungsreichen Charakter der Wüste zu tun haben und mit Halluzinationen erklärt werden könnten.

Der Islam hat drei Propheten mehr als die beiden anderen abrahamitischen Religionen. Der Erste ist der biblische Hiob, bei den Muslimen *Ayoub*. In der Bibel ist Hiob eine wichtige Gestalt, aber kein Prophet. Im Koran ist er auch Prophet. Bei den Arabern ist er die sprichwörtliche Personifizierung der Geduld und wird auch oft in Situationen genannt, in denen Geduld nötig ist. Wenn westliche Christen von einem Übel heimgesucht werden, beten sie und bitten Gott, sie davon zu befreien. Araber, egal ob Muslime oder Christen, beten und rufen: „Oh Gott, gib mir die Geduld Hiobs".

Jesus ist für die Christen Gottes Sohn, für die Muslime ist er ein Prophet. Bei den Muslimen heißt er *'Īssa*, bei den christlichen Arabern, sowie bei den Aramäern und Chaldäern *Yeschū'*.

Der größte und wichtigste Prophet der Muslime ist natürlich Mohammed, der „Gesandte Gottes" (Rasūl Allāh) und „Siegel der Propheten" (Khātim al-Anbiā'), der Prophet, der in ihrem Glauben das vollständige und endgültige Buch Gottes gebracht hat und der letzte Prophet der Geschichte der Menschheit ist.

Die Berichte von Wundern, die diese Propheten und viele Heiligen erlebt haben sollen, lösen bei mir Skepsis, Zweifel und Unglauben aus. Doch das Leben und die Natur zeigen uns jeden Tag Wunder, wenn wir dafür aufmerksam und empfänglich sind: Das Schlüpfen eines Schmetterlings oder einer Libelle aus ihrer Puppe oder Larve, die frischen Blätter- oder Blütenknospen an Bäumen und Büschen im Frühjahr, die Geburt eines Kindes und sein Wachsen und Gedeihen, oder ein Regenbogen am Himmel. Solche Wunder kann jeder sehen. Es kommt nur darauf an, sie nicht zu missachten, oder zu glauben, nur trockenen Fußes ein Gewässer zu überqueren oder Tote zum Leben zu erwecken, seien Wunder.

Der islamische (islamisch zumindest anfangs) Theologe und Religionskritiker Ibn ar-Rāwandī (mit vollem Namen *Abū'l Ḥusayn Aḥmed b. Yaḥyā b. Isḥāq ar-Rāwandī*), der im neunten Jahrhundert lebte, hat in seinem Buch des Smaragds (*Kitāb az-Zumurrud*) alle religiösen Offenbarungen und Dogmen als erfunden und nicht vereinbar mit der uns von Gott gegebenen Vernunft und alle Propheten, einschließlich Mohammed, als vergleichbar mit Hexern und Magiern erklärt. Mehrere darauf folgende Generationen muslimischer Theologen haben seine Thesen verurteilt und ihn des Ketzertums beschuldigt.[5]

Ähnlich argumentiert auch ein paar Jahrzehnte später der Philosoph und als Arzt berühmt gewordene Abū Bakr ar-Rāzī (865 – 925), im Westen bekannt unter dem latinisierten Namen Rhazes. Er ist „überzeugt, dass der barmherzige und gerechte Gott allen Menschen die Fähigkeit zur Erkenntnis geschenkt hat. Aus diesem Grund hält er es für ausgeschlossen, dass einzelnen Personen zusätzlich ein exklusives Offenbarungswissen zuteil werde. Es gibt demnach (...) keine Propheten. (....) Wer für sich in Anspruch nimmt, die Gabe der Prophetie zu besitzen (Mose, Jesus, Muhammad usw.), kann nur ein Betrüger sein. Er täuscht eine Eingebung vor, die er gar nicht erhielt, und schart hinter sich eine angeblich privi-

---

[5] Encyclopaedia of Islam (EI), Leiden 1991, Vol. 03, S. 905

legierte Gemeinde. Sie aber hat nichts besseres zu tun, als mit anderen Gemeinden, die sich ebenfalls im Besitz einer geoffenbarten Wahrheit wähnen, Kriege zu führen."[6]

Gefragt, ob ein Philosoph Anhänger einer Offenbarungsreligion sein könne, erwiderte ar-Rāzī: „Wie kann jemand philosophisch denken, wenn er solche Altweibermärchen glaubt, die auf Widersprüchen, halsstarriger Unwissenheit und Dogmatismus gegründet sind?"[7]

Der Ägyptologe Jan Assmann macht in seinem Buch *Die Mosaische Unterscheidung oder der Preis des Monotheismus* die monotheistischen Religionen - in für mich gut nachvollziehbarer Argumentation - für die Entstehung von religiösem Dogmatismus, Fundamentalismus und Fanatismus verantwortlich. Als mosaische Unterscheidung bezeichnet er die Wandlung des ägyptischen Mose in den hebräischen Moses nach dem Auszug der Juden aus Ägypten unter seiner Führung und damit die Abwendung vom Polytheismus der Ägypter und hin zum monotheistischen Glauben. „Die Mosaische Unterscheidung führt einen neuen Typus von Wahrheit ein: die absolute, geoffenbarte, metaphysische Glaubenswahrheit."[8]

---

[6] Ulrich Rudolph, Islamische Philiosophie, 4. Auflage, München 2018, S. 26f

[7] EI, Vol. 08, p. 476

[8] Jan Assmann, *Die Mosaische Unterscheidung oder der Preis des Monotheismus*, München/Wien 2003, S. 28

Dabei ist für Assmann nicht die Unterscheidung zwischen dem Einen Gott und den vielen Göttern das Entscheidende, sondern die Unterscheidung zwischen wahr und falsch in der Religion.[9] Dieser Monotheismus ist eine Ausgrenzung. Die Juden schotten sich nach innen ab, sie missionieren nicht, assimilieren sich aber auch nicht. „Indem Gott Israel als sein Volk erwählt, hebt er es aus dem Kreis der Völker heraus und verbietet die Assimilation an die Gebräuche der Umwelt. Indem Gott umgekehrt den Christen und Muslimen gebietet, die Wahrheit über den Erdkreis zu verbreiten, werden alle diejenigen ausgegrenzt, die sich dieser Wahrheit verschließen. Erst in dieser Form wird das dem Monotheismus innewohnende Ausgrenzungspotential gewalttätig.“[10] Diese Entwicklung tritt also erst zu dem Zeitpunkt ein, als der römische Kaiser Konstantin sich zu Anfang des vierten Jahrhunderts (n.Chr.) zum Christentum bekannte, also als das Christentum von einer verfolgten zu einer sich von da an schnell verbreitenden Religion wurde.

In einer anderen Veröffentlichung schreibt Jan Assmann: „Warum sollte die Unterscheidung zwischen wahr und falsch gewalttätig sein? Die Sprache der Gewalt entstammt dem politischen Druck, aus dem der Monotheismus gerade befreien will. Sie gehört in die revolutionäre Rhetorik der Konversion, der radi-

---

[9] ebd., S. 12

[10] Jan Assmann, *Die Mosaische Unterscheidung oder der Preis des Monotheismus*, München/Wien 2003, S. 31

kalen Wende und Abkehr, des kulturellen Sprungs aus dem Alten ins Neue. Über diese Schwelle sind wir längst geschritten, sie bedarf keiner eifernden Einschärfung mehr. Das semantische Dynamit, das in den heiligen Texten der monotheistischen Religionen steckt, zündet in den Händen nicht der Gläubigen, sondern der Fundamentalisten, denen es um politische Macht geht und die sich der religiösen Gewaltmotive bedienen, um die Massen hinter sich zu bringen. Die in den religiösen Quellen auffindbare Sprache der Gewalt wird als eine Ressource im politischen Machtkampf missbraucht, um Feindbilder aufzubauen und Angst und Bedrohungsbewußtsein zu schüren. Daher kommt es darauf an, diese Motive zu historisieren, in dem man auf ihre Ursprungssituation zurückführt. Es gilt, ihre Genese aufzudecken, um sie in ihrer Geltung einzuschränken."[11]

Jan Assmann schreibt dies aus christlicher Sicht. Wenn diese Argumente und diese Herangehensweise zur Vermeidung von Zwang, Unterdrückung und Gewalt beitragen, kann auch ich - als Agnostiker - sie nur begrüßen und unterstützen.

Natürlich gab es auch in und zwischen den polytheistischen Kulturen Kriege und Gewalt, aber nie aus religiösen Gründen oder unter religiösem Vorwand. „Die Religion der anderen wurde als grundsätzlich

---

[11] Jan Assmann, *Gott und die Götter*, in: Gesine Palmer (Hrsg.), Fragen nach dem einen Gott, Tübingen 2007, S. 50

mit der eigenen vereinbar empfunden. Das bedeutet nicht, daß die entsprechenden Völker weniger gewalttätig miteinander umgingen oder daß die Gewalt erst mit der Mosaischen Unterscheidung in die Welt gekommen sei. Es bedeutet nur, daß die politische Gewalt nicht theologisch begründet wurde, jedenfalls nicht in dem Sinne, daß es bei der Unterwerfung der anderen um die Bekehrung von Anhängern einer als falsch angesehenen Religion ginge."[12]

Die Mosaische Unterscheidung ist die zwischen „„wahr" und „falsch" und zwischen „wir" und „sie", wir, die wir den wahren Glauben haben und sie, den falschen. Falsch im religiösen Sinne ist allerdings kein harmloser „Irrtum", sondern zu manchen Zeiten und in manchen Ländern sträflich oder strafbar und kann – als Ketzerei - für die „falsch Glaubenden" unangenehme Konsequenzen bis hin zu Verfolgung oder sogar Tod haben, wie wir noch heute aus Ländern wie Saudi-Arabien oder Iran erfahren. Ich schätze mich glücklich, im relativ aufgeklärten Deutschland des 21. Jahrhunderts zu leben, in dem meine Ansichten keine unangenehmen Folgen für mich haben.

Nach Jan Assmann stellt diese Unterscheidung in der Religionsgeschichte eine revolutionäre Innovation dar, die den traditionellen, historisch gewachsenen Religionen und Kulturen fremd war. „Die Hauptsorge gilt nicht, wie in den sekundären Religionen, der Ge-

---

[12] ebd., S. 32

fahr, falsche Götter anzubeten, sondern ganz im Gegenteil der Möglichkeit, eine wichtige Gottheit zu vernachlässigen. Fremde Religionen haben grundsätzlich den gleichen Wahrheitswert wie die eigene, und man geht davon aus, daß zwischen den eigenen und den fremden Göttern Beziehungen der Übersetzbarkeit bestehen. Der Übergang von der primären zur sekundären Religionserfahrung ist daher auch gleichbedeutend mit einer neuartigen Konstruktion von Identität und Alterität, die solche Übersetzbarkeit blockiert."[13]

Auch der schottische Philosoph David Hume (1711-1776) betrachtete schon den Übergang vom Polytheismus zum Monotheismus als Ursache für die Zunahme der Intoleranz.

Dieser Preis des Monotheismus in Form von Dogmatismus, Fundamentalismus und Fanatismus ist oft Krieg und Gewalt, wie die Kreuzzüge oder, gerade in jüngster Zeit, die Gewaltherrschaft des sogenannten „Islamischen Staates".

Allerdings war auch der Polytheismus der griechischen Antike nicht ganz frei von Dogmatismus, wie das Beispiel des Philosophen Protagoras zeigt, der wegen „Frevels gegen die Götter" aus Athen verbannt wurde (siehe Kapitel „Agnostizismus").

---

[13] Jan Assmann, *Gott und die Götter,* in: Gesine Palmer (Hrsg.), Fragen nach dem einen Gott, Tübingen 2007, S. 38

Der französische Dichter und Philosoph Voltaire (1694–1778), eigentlich François-Marie Arouet, einer der großen Denker der Aufklärung, schrieb in seiner *Predigt der Fünfzig* von einer Predigt, die eine von *fünfzig gebildeten, frommen und vernünftigen Personen an die übrigen richtet: Meine Brüder, die Religion ist die geheime Stimme Gottes, die zu edlen Menschen spricht. Sie soll sie vereinen, aber nicht trennen.* Nach Darlegung der Widersprüche und Absurditäten im Alten und im Neuen Testament spricht der Prediger dann von *dieser christlichen Religion, die die Ursache von so vielen Spaltungen, Bürgerkriegen und Verbrechen gewesen ist, die soviel Blutvergießen zur Folge hatte und die in den Teilen der Erde, die sie regiert, in so viele verfeindete Sekten aufgeteilt ist.* Der Prediger wendet sich gegen *den Fanatismus der in eine Menge Sekten aufgespaltenen Sekte dieses Jesus: Zu allen Zeiten schlägt, würgt und mordet man sich gegenseitig.* Er verurteilt zum Schluss die Mysterien und Wundergläubigkeiten *dieses christlichen Aberglaubens, den die Priester selbst lächerlich gemacht haben.* Die *Predigt der Fünfzig* enthält die Ideen, die sich durch Voltaires gesamtes Werk ziehen, die Verurteilung jeder Art von Fanatismus und das Bekenntnis zu einem Gott der Vernunft, in dessen Religion Aberglauben, Wunder und widernatürliche Dogmen keinen Platz haben.[14]

---

[14] Georg Holmsten, *Voltaire*, Reinbek bei Hamburg 1971, S. 87-89

Ludwig Feuerbach (1804 bis 1873) erklärt die Wissenschaft, die sich mit dem Glauben beschäftigt, die Theologie, zur Anthropologie, d.h. zu einer Wissenschaft, die sich nicht mit Gott befasst, sondern mit dem Menschen und seinem Glauben und seinen Vorstellungen von Gott, seiner Gestalt, seinem Wesen und seinem Willen. Er schreibt: „... *indem ich die Theologie zur Anthropologie erniedrige, erhebe ich die Anthropologie zur Theologie, gleichwie das Christentum, indem es Gott zum Menschen erniedrigte, den Menschen zu Gott machte, freilich wieder zu einem dem Menschen entfernten, transzendenten, phantastischen Gott ..*"[15]

Er schreibt weiter: „*Die Religion ist der Traum des menschlichen Geistes. Aber auch im Traume befinden wir uns nicht im Nichts oder im Himmel, sondern auf der Erde – im Reiche der Wirklichkeit, nur daß wir die wirklichen Dinge nicht im Lichte der Wirklichkeit und Notwendigkeit, sondern im entzückenden Scheine der Imagination und Willkür erblicken.*"[16]

Karl Marx hat seinen berühmten Slogan von der Religion als „Opium des Volkes" von Heinrich Heine entlehnt. Bei Heine hieß es: „*Für Menschen, denen die Erde nichts mehr bietet, ward der Himmel erfunden ... Heil dieser Erfindung! Heil einer Religion, die dem leidenden Menschengeschlecht in den bittern*

---

[15] Ludwig Feuerbach, Das Wesen des Christentums, 3. Auflage, Reclams Universalbibliothek Nr. 4571, S. 26

[16] ebd.

Kelch einige süße, einschläfernde Tropfen goß, geistiges Opium, einige Tropfen Liebe, Hoffnung und Glauben. "[17]

Das Verhältnis zwischen Heine und Marx war zwiespältig. Fritz Raddatz zitiert in seiner Heine-Biografie Ludwig Marcuse: »*Von dem Moment der Bekanntschaft an ist Marx sehr hinter dem Dichter her, [...]. Es sieht so aus, als ob Heines Anteil an dieser Verbindung darin bestand, sich umwerben und gebrauchen zu lassen. [...] Heine hatte sich weder den Reihen von Marx und Engels angeschlossen (es gab damals gar keine solche Reihen) noch Sozialismus gepredigt. [...] Heine schenkte diesen Männern nicht die Aufmerksamkeit, mit der sie ihn bedachten: [...] In Heine bewunderte Marx die kriegerische Musik, den Witz, den Charme und die bisweilen radikal formulierte Einsicht, daß nicht das Politische, sondern das Ökonomische der Hebel ist, der die Bewegung lenkt. Marx hatte für Heine eine Schwäche – [...].*«[18]

Solange Heine glaubte, dass Marx mit seinen Doktrinen keine große politische Wirkung erzielen würde, fand er dessen Thesen attraktiv und sympathisch. Das änderte sich, wie er in seinen „Geständnissen" schrieb, als er doch eine größere und weitere Kreise umfassende Wirkung befürchtete. Raddatz schreibt

---

[17] Fritz Raddatz, *Taubenherz und Geierschnabel – Heinrich Heine, Eine Biographie*, Weinheim und Berlin 1997, S. 221/222

[18] ebd., S. 253/254

dazu: „*Heine verwahrt sich – und warnt – emphatisch vor den »fanatischen Mönchen des Atheismus, Groß-inquisitoren des Unglaubens«, deren Doktrinen noch legitim gewesen sein mögen, solange sie »Geheimgut einer Aristokratie von Geistreichen« gewesen seien - »solange gehörte auch ich zu den leichtsinnigen Ex-prits-Forts«* “.[19]

Karl Marx, hat sich in seiner religionskritischen Hal-tung auf Heinrich Heine und noch sehr viel mehr auf den Philosophen Ludwig Feuerbach gestützt. Sein Satz „Die Religion ist das Opium des Volkes" ist weltberühmt geworden und wird immer wieder zi-tiert. Die geistigen Grundlagen bei Heine und Feuer-bach sind dagegen nur einer kleinen Minderheit be-kannt.

Bei diesem Thema kommt man an dem Philosophen Friedrich Nietzsche (1844-1900) und Sigmund Freud (1856-1939), Begründer der Psychoanalyse, nicht vorbei. Der Erstere argumentiert in seinem Buch „Der Antichrist" sehr aggressiv gegen das Christen-tum. Diese aggressiven, von mir als abstoßend emp-fundenen Argumente werde ich nicht zitieren, son-dern mich auf einige seiner sachlicheren, aber den-noch harten Argumente gegen die Religion im All-gemeinen beschränken. So schreibt er über Glauben und Überzeugung: „*Man lasse sich nicht irreführen: große Geister sind Skeptiker. Zarathustra ist ein*

---

[19] Fritz Raddatz, *Taubenherz und Geierschnabel – Heinrich Heine, Eine Biographie*, Weinheim und Berlin 1997, S.254

Skeptiker. Die Stärke, die Freiheit aus der Kraft und Überkraft des Geistes beweist sich durch Skepsis. Menschen der Überzeugung kommen für alles Grundsätzliche von Wert und Unwert gar nicht in Betracht. Überzeugungen sind Gefängnisse. [...] Ein Geist, der Großes will, der auch die Mittel dazu will, ist mit Notwendigkeit Skeptiker. "[20]

Etwas weiter heißt es: „*Der Mensch der Überzeugung hat in ihr sein Rückgrat. Viele Dinge nicht sehn, in keinem Punkt unbefangen sein, Partei sein durch und durch, eine strenge und notwendige Optik in allen Werten haben – das allein bedingt es, daß eine solche Art Mensch überhaupt besteht. Aber damit ist sie der Gegensatz, der Antagonist des Wahrhaftigen – der Wahrheit ... Dem Gläubigen steht es nicht frei, für die Frage »wahr« und »unwahr« überhaupt ein Gewissen zu haben: rechtschaffen sein an dieser Stelle wäre sofort sein Untergang. Die pathologische Bedingtheit seiner Optik macht aus dem Überzeugten den Fanatiker ...* "[21]

In seinem philosophisch-dichterischen Werk „Also sprach Zarathustra" borgt Nietzsche sich für den weisen Protagonisten den Namen des persischen Religionsgründers. Auch dieser Nietzschesche Zarathustra spricht zum Volke schon zu Anfang: „*Ich beschwöre euch, meine Brüder, bleibt der Erde treu und glaubt Denen nicht, welche euch von überirdischen*

---

[20] Friedrich Nietzsche, *Der Antichrist*, Berlin 1941, S. 81

[21] ebd., S. 82

Hoffnungen reden! Giftmischer sind es, ob sie es wissen oder nicht. "[22]

In sehr arrogant-überheblicher Manier lässt er ihn an anderer Stelle sagen: *„wenn es Götter gäbe, wie hielt ich's aus, kein Gott zu sein! Also giebt es keine Götter. "[23]* Natürlich ist Zarathustra nicht Nietzsche. Die literarische Konstruktion einer Dichtung mit einem fiktiven Helden gibt dem Autor die Möglichkeit, Gedanken überspitzt auszudrücken. Dass im Falle des Nietzsche-Werkes Zarathustra in gewisser Weise doch das Alter Ego des Autors ist, daran gibt es, glaube ich, keinen Zweifel.

Der libanesisch-amerikanische Maler, Philosoph und Dichter Gibran Khalil Gibran, christlicher Herkunft, (1883–1931) hat mit seinem weltweit erfolgreichen Buch „Der Prophet" ein Werk geschrieben, dass in Form und Sprache sehr Nietzsches *Zarathustra* ähnelt, sich von diesem in Inhalt und Geist jedoch fundamental unterscheidet. Nietzsches Zarathustra dünkt sich in größter Überheblichkeit der Weiseste aller Weisen und hat ein unbezähmbares Verlangen zu missionieren, und zwar von oben herab: *„Mund bin ich worden ganz und gar, und Brausen eines Bachs*

---

[22] Friedrich Nietzsche, *Also sprach Zarathustra*, Reclam Universal Bibliothek Nr.7111, Stuttgart 1994, S. 10

[23] ebd., S. 87

aus hohen Felsen: hinab will ich meine Rede stürzen in die Thäler. "[24]

Es wäre eine interessante, aber leider nicht zu beweisende These, dass Gibran Khalil Gibran Nietzsches *Zarathustra* in englischer Übersetzung gelesen hat und sich in Form, Stil und Sprache davon inspirieren ließ, um dann aber in Sinn und Geist etwas total dagegen zu schreiben. Man kann aber auch die Möglichkeit in Betracht ziehen, dass beide, Nietzsche wie Gibran, sich durch die Sprüche Salomos im Alten Testament inspirieren ließen.

Gibrans *Prophet* will nach zwölf Jahren Aufenthalt in der Stadt Orphalese in seine Heimat zurückkehren, und die Bewohner von Orphalese, die in ihm einen Weisen erkannt haben, bitten ihn, zu ihnen zu vielen Aspekten des Lebens und Zusammenlebens zu sprechen und ihnen von seiner Wahrheit abzugeben. Er tut dies auf ihr Bitten bescheiden und mit einem Ausdruck großer menschlicher Güte und Weisheit. Nachdem er zu über vierundzwanzig anderen Aspekten, wie Liebe, Ehe, Kinder, Gerechtigkeit und anderen aus seiner Sicht gesprochen hat, spricht er zu ihnen *„Von der Religion:*

Und ein alter Priester sagte: sprich uns von der Religion.

Und er antwortete:

---

[24] Friedrich Nietzsche, *Also sprach Zarathustra*, Reclam Universal Bibliothek Nr.7111, Stuttgart 1994, S. 84

Habe ich heute von etwas anderem gesprochen? Ist nicht jede Tat und jede Betrachtung Religion? Und ist sie nicht gleichzeitig weder Tat noch Nachdenken, sondern ein Wunder und eine Überraschung, die ewig der Seele entspringen, selbst während die Hände den Stein behauen oder den Webstuhl bedienen? Wer kann seinen Glauben von seinen Taten trennen oder seinen Glauben von seinen Tätigkeiten? Wer kann seine Stunden vor sich ausbreiten und sagen: «Dies für Gott und dies für mich; dies für meine Seele und dies für meinen Körper?» All eure Stunden sind Flügel, die von Ich zu Ich durch den Raum gleiten. Wer seine Sittlichkeit bloß als sein bestes Gewand trägt, wäre besser nackt. Der Wind und die Sonne werden keine Löcher in seine Haut reißen. Und wer seinen Lebenswandel durch die Sittenlehre begrenzt, sperrt seinen Singvogel in einen Käfig. Das freieste Lied dringt nicht durch Gitter und Draht. Und wem die Andacht ein Fenster ist, das man öffnet und schließt, der hat noch nicht das Haus seiner Seele besucht, dessen Fenster von Morgenröte zu Morgenröte reichen. Euer tägliches Leben ist euer Tempel und eure Religion. Wann immer ihr ihn betretet, nehmt alles mit, was ihr habt. [....] Und nehmt mit euch alle Menschen. Denn in der Anbetung könnt ihr nicht höher fliegen als ihre Hoffnungen und euch nicht tiefer erniedrigen als ihre Hoffnungslosigkeit. Und wenn ihr Gott erkennen wollt, bildet euch deswegen nicht ein, die Rätsel lösen zu können. Schaut lieber um euch, und ihr werdet sehen, wie Er mit euren Kindern spielt. Und schaut in den Raum; ihr werdet sehen, wie Er in der Wolke geht und seine

Arme im Blitz ausstreckt und im Regen herabsteigt.
Ihr werdet sehen, wie Er in den Blumen lächelt, auf-
steigt und aus den Bäumen winkt. "[25]

In diesen Sätzen, wie auch in allen anderen Kapiteln des Buches, sehe ich kein dogmatisches Verkünden – wie in Nietzsches *Zarathustra* - , sondern das Aussprechen pantheistischer Ideen ohne den Drang, damit zu missionieren.

So wie Nietzsche seinem Protagonisten den Namen des persischen Religionsgründers gibt, gibt Gibran seinem Propheten den Namen *Almustafa*, der Erwählte, was im Islam der Beiname des Propheten Mohammed ist. Bei beiden Werken könnte man, bevor man sie gelesen hat, denken, dass die Namengebung etwas mit dem ursprünglich so Genannten zu tun hat, dass dort eine Verbindung besteht. Das ist in beiden Fällen ganz entschieden *nicht* so.

Obwohl ich Nietzsches religionskritische Haltung grundsätzlich teile, finde ich seine aggressive Polemik widerwärtig, und seine Verachtung derer, die an ihrer Religion festhalten, stößt mich ab. Nicht nur gegen das Christentum polemisiert er in abstoßender Form, auch alle Bemühungen in Richtung Humanismus macht er verächtlich. Tugenden werden zwar oft geheuchelt (dann sind sie ja keine mehr), aber deswegen Tugenden generell als heuchlerisch verächtlich zu machen, ist für mich Zynismus. Der Mensch ge-

---

[25] Khalil Gibran: *Der Prophet*, Olten 1973, 23. Auflage 1988, S. 57-59

nügt ihm nicht, er will den Übermenschen, verführt totalitäre Ideologien dazu, seine Ideen zu missbrauchen und schafft statt des Über- den Unmenschen.

Im *Zarathustra* schreibt er drei Seiten lang „Vom Gesindel". Dreimal habe ich dieses Kapitel gelesen. Außer, dass es – das Gesindel - unsauber und ekelerregend ist, dass es in den Niederungen lebt, während sich der Held in steilen und unerreichbaren Höhen aufhält, habe ich auf diesen drei Seiten sprachlich wunderschönen, aber eitlen und verächtlich machenden Wortgeklingels, in dem nichts gesagt wird, nicht herausfinden können, wen er mit Gesindel meint, und durch welche Eigenschaften er Menschen zu Gesindel herabwürdigt.[26] Nur aus Nietzsches Gesamtwerk kann man raten, wen er als Gesindel ansieht, die Schwachen. Wenn ein Philosoph meint, zu einem solchen Schluss kommen zu müssen, warum sollte er es dann in solchem hohlen Wortgeklingel vernebeln?

Er achtet die Stärke und die Starken bis zu deren Unerbittlichkeit. Er verehrt die Macht. Er verachtet die Schwäche und die Schwachen. Doch welcher Mensch ist ohne Schwäche? Er verachtet die Menschen und das Menschliche.

Solange es Nietzsche um den Willen zur Macht des Menschen über sich selbst geht, bin ich voll und ganz einverstanden. Wenn es aber darüber hinaus geht, bin ich skeptisch. Dann will ich wissen, wozu die Macht

---

[26] Friedrich Nietzsche, *Also sprach Zarathustra*, Reclam Universal Bibliothek Nr.7111, Stuttgart 1994, S. 98-101

gebraucht werden soll, da der Macht oft die Gefahr des Missbrauchs innewohnt.

Dennoch sagt Nietzsche im Zarathustra einiges, was auch ich für gut und richtig halte. Ich mag es aber nicht zitieren, weil mir der Nietzschesche Zarathustra insgesamt gegen mein Empfinden geht..

Zarathustra sagt: „Seht doch, wie diese Völker jetzt selber den Krämern gleich thun: sie lesen sich den kleinsten Vortheil noch aus jedem Kehricht."[27]

Und ähnlich mache ich es mit dem Zarathustra. Ich mache es wie die Spatzen, die die halb- oder unverdauten Haferkörner aus den Pferdeäpfeln picken.

Auch was den Übermenschen – außer dem Attribut Macht – ausmacht, bleibt sehr unklar. Nietzsche reiht sehr schöne Sprachbilder und beeindruckende Formulierungen aneinander, vernebelt damit aber mehr als er deutlich macht. Die Gäule des Dichters galoppieren dem Philosophen davon.

Die Nazis beriefen sich zwar, soweit mir bekannt ist, nicht ausdrücklich auf Nietzsche, dass aber Adolf Hitler, der Größenwahnsinnige, ihn bewunderte, ist bekannt und ist verständlich, ließ sich doch aus dem Übermenschen leicht der Herrenmensch oder die Herrenrasse und aus dem Gesindel der Untermensch machen, selbst wenn Nietzsche es selbst gar nicht so gemeint haben mag.

---

[27] ebd., S. 219

Doch, bevor ich in die Versuchung gerate, mir über Friedrich Nietzsche in allzu großer Gewissheit ein Urteil zu bilden, mache ich eine Unterbrechung mit einem kurzen Gedicht von mir:

Der Zebrastreifen

Die Wahrheit geht hinüber.
Die Lüge müsste halten.
Oder umgekehrt?
Der Zweifel zögert
Und hält inne.

In mir regt sich also Zweifel. Ich zögere und halte inne; denn ich lese an anderer Stelle: *„einer starken, kühnen verwegenen Seele genießen; mit ruhigem Auge und festem Schritt durch das Leben gehen, immer zum Aeussersten bereit, wie zu einem Feste und voll des Verlangens nach unentdeckten Welten und Meeren, Menschen und Göttern; auf jede heitere Musik hinhorchen [....] und im tiefsten Genusse des Augenblicks überwältigt werden von Thränen und von der ganzen purpurnen Schwermuth des Glücklichen: wer möchte nicht, dass das alles gerade sein Besitz, sein Zustand wäre! Aber [....] mit diesem Glück Homers in der Seele ist man auch das leidensfähigste Geschöpf unter der Sonne! Und nur um diesen Preis kauft man die kostbarste Muschel, welche*

die Wellen des Daseins bisher an's Ufer gespült ha-
ben. "[28]

Diese Worte sprechen mir, wie keine anderen, aus der
Seele. Diese wunderschönen Worte, die in Teilen,
wenigstens im Ton, auch seinem sonstigen Nihilis-
mus oder Zynismus widersprechen, versöhnen mich
etwas mit Nietzsche, auch wenn meine vorher geäu-
ßerte Kritik bestehen bleibt. Die Widersprüchlichkeit,
die da zu erkennen ist, ist ja auch in mir.

Auch an anderer Stelle schreibt Nietzsche und be-
klagt selbst: „diese radikale Vereinsamung als No-
thwehr gegen eine krankhaft hellseherisch gewordene
Menschenverachtung, diese grundsätzliche Einschränkung auf das Bittere, Herbe, Wehethuende der
Erkenntnis, wie sie der Ekel verordnete, ...".[29] Dies
mag man als eine gewisse Relativierung seiner sonst
so menschenverachtenden Haltung verstehen und ihm
„mildernde Umstände" zubilligen.
Nun zurück zu Gibrans *Prophet.* Dieses Werk ist
unter Muslimen sehr umstritten. Die Orthodoxen
lehnen es strikt ab. Unter liberalen und aufgeklärten
Muslimen wird das Buch dagegen geschätzt. Ein

---

[28] Friedrich Nietzsche, *Morgenröte – Idyllen aus Messina -
Die fröhliche Wissenschaft*, Kritische Studienausgabe (KSA
3), München 1999, S. 541

[29] Friedrich Nietzsche, *Morgenröte – Idyllen aus Messina -
Die fröhliche Wissenschaft*, Kritische Studienausgabe (KSA
3), München 1999, S. 346

irakischer Freund, ein Muslim, hat mir vor Jahren die arabische Übersetzung der Werke Gibrans geschenkt. Er hätte dies nicht getan, wenn er selbst das Werk abgelehnt hätte.

Die besondere Wirkung des *Propheten* wird an einem Beispiel sehr deutlich. Ein arabischer Schriftsteller sprach bei der Vorstellung eines seiner Romane in einer deutschen Buchhandlung von seinem Leben. Er berichtete, dass er in seiner Jugend frommer Muslim mit starken Neigungen zum Fundamentalismus und zum Salafismus gewesen sei. In seinem frommen Überschwang habe er einmal gegenüber einem Buchhändler in seinem Heimatland von der sprachlichen Schönheit des Koran geschwärmt, und – wie es gängige Meinung unter Muslimen ist - dass diese Schönheit doch Beweis dafür sei, dass der Koran Gottes Wort sei, da er doch unmöglich von Menschen geschaffen worden sein könne. Der Buchhändler habe ihm daraufhin lächelnd ein Buch mit der Aufforderung geschenkt, es zu lesen. Es sei Gibrans „Der Prophet" gewesen. Nach der Lektüre habe er festgestellt, dass es den Koran an sprachlicher Schönheit übertrifft, obwohl es von einem Menschen geschrieben worden ist. Zudem hätten Inhalt und Geist dieses Buches ihn so beeindruckt, dass er nicht nur von seinem Fundamentalismus losgekommen sei, sondern sich ganz von seinem muslimischen Glauben gelöst habe.

Nun zu Sigmund Freud. Er schreibt in seinem Werk *„Das Unbehagen in der Kultur"* über den Versuch einer Gruppe von Menschen, *„sich Glücksversiche-*

rung und Leidensschutz durch wahnhafte Umbildung der Wirklichkeit zu schaffen. Als solchen Massenwahn müssen wir die Religionen der Menschheit bezeichnen. Den Wahn erkennt natürlich niemals, wer ihn selbst noch teilt. "[30]

Auch hier ist meine Meinung, dass Freud, wie auch Nietzsche, sich in übertriebenem intellektuellen Hochmut äußert. Was Wahn oder Irrtum und was Vernunft oder „Wahrheit" ist, sollte jeder Mensch für sich selbst herausfinden und entscheiden. Die Belehrung durch aggressive Polemik ist dabei eher hinderlich.

---

[30] Sigmund Freud, *Das Unbehagen in der Kultur*, Wien 1930, S. 33

Die Gestalt Gottes

Im Alten Testament, Genesis 1:27, heißt es:

„Gott schuf den Menschen ihm zum Bilde, zum Bilde
Gottes schuf er ihn".

Nach dieser – meiner Meinung nach kindlichen – Vorstellung ist Gott ein alter, gütig lächelnder – natürlich weißer - Mann mit lang wallendem, weißen Bart.

Michelangelo Buonarotti, Die Erschaffung Adams, Sixtinische Kapelle, Rom

Auch für die Griechen der Antike waren ihre Götter menschenähnlich, verhielten sich sogar menschlich, mit ähnlichen Schwächen und Stärken, mit Lüsten und Gewaltanwendung. Der griechische Philosoph Xenophanes (570 bis ca. 475 v.Chr.) kritisierte diese Vorstellung. *„Die Thraker betrachten ihre Götter als blauäugig und rothaarig, die Äthiopier die ihren jedoch als stumpfnasig und schwarz. Wenn Ochsen, Pferde und Löwen Hände hätten, d.h. malen und bildhauen könnten, würden sie ihre Götter in Och-*

sen, Pferde- oder Löwengestalt darstellen".[31] Ich habe dies in abgewandelter Form in einem Gedicht gesagt:

Der Esel

Die Menschen nennen mich Grautier

und halten meine grauen Zellen

für unterentwickelt

aber die Dummen sind sie,

da sie glauben,

sie seien

gottähnlich

dabei weiß jeder Esel,

dass Gott

ein graues Fell

und lange Ohren hat,

denn er schuf *uns*

nach seinem Bilde.

---

[31] Jaap Mansfeld: Die Vorsokratiker I, Milesier, Pythagoreer, Xenophanes, Heraklit, Parmenides, Philipp Reclam Jun., Stuttgart 1983, Universal-Bibliothek Nr. 7965, S. 209

„Bei Xenophanes finden wir also den ersten Versuch einer negativen Theologie, d.h. einer Umschreibung des Göttlichen durch Verneinung des Menschlich-Vorstellbaren. "[32]

Xenophanes schreibt in seiner Naturphilosophie:

„Der neue Gott

34

Ein einziger Gott ist unter Göttern und Menschen der Größte, / weder dem Körper noch der Einsicht nach den sterblichen Menschen gleich.

....

Die Erkenntnis

38

Klares hat freilich kein Mensch gesehen, und es wird auch keinen geben, der es gesehen hat / hinsichtlich der Götter und aller Dinge, die ich erkläre. / Denn sogar wenn es einem in außerordentlichem Maße gelungen wäre, Vollkommenes zu sagen, / würde er sich dessen trotzdem nicht bewußt sein: bei allen Dingen gibt es nur Annahme."[33]

---

[32] Jaap Mansfeld: Die Vorsokratiker I, Milesier, Pythagoreer, Xenophanes, Heraklit, Parmenides, Philipp Reclam Jun., Stuttgart 1983, Universal-Bibliothek Nr. 7965, S. 220

[33] ebd., S. 225

Auch Ludwig Feuerbach benutzt eine ähnliche Analogie wie Xenophanes, ohne sich ausdrücklich auf ihn zu beziehen: *„Wenn Gott dem Vogel Gegenstand wäre, so wäre er ihm nur als ein geflügeltes Wesen Gegenstand: Der Vogel kennt nichts Höheres, nichts Seligeres, als das Geflügeltsein.*"[34]

Selbst der große muslimische Mystiker, der größte Meister der Sufis, Ibn al-'Arabi (zu ihm mehr auf Seiten 71ff.) sagte: Der Gott, an dessen Existenz man glaubt, ist die Göttlichkeit, die gemäß der Mutmaßung des Dieners beschaffen ist. Dies ist eine Beschaffenheit, die der Diener aus sich selbst heraus gemutmaßt hat, und die er in Übereinstimmung damit verehrt. Damit zwängt er Gott in seinen eigenen engen Rahmen. Daher verurteilt er die Überzeugung eines jeden, der nicht mit seinem eigenen Glauben übereinstimmt."[35]

Die Muslime glauben nach dem Koran, dass Gott den Menschen aus Ton geschaffen habe. In mehreren Suren des Koran wird das beschrieben, so. u.a. in Sure 32, Versen 6 bis 9: *„6/7: Der schön gemacht hat alles was er schuf / Und brachte vor die Schöpfung / Des Menschen selbst aus Thon. 7/8: Dann macht' er dessen Sproß / Aus Saft verächtlichen Wassers; 8/9: Dann bildet' er ihn und blies in ihn von seinem Geist,*

---

[34] Ludwig Feuerbach, Das Wesen des Christentums, 3. Auflage, Reclams Universalbibliothek Nr. 4571, S. 59

[35] Muhyiddin Ibn Arabi, der verborgene Schatz, Zürich 2006, S. 60

/ Und macht euch Gehör, Gesicht und Herze; / Wie wenig danket Ihr!"[36]

Der persische Dichter Omar Khayyam, auf dessen Leben und Werk ich im Kapitel *Religion und Moral* ausführlicher eingehen werde, hat dies in vielen seiner Vierzeiler in abgewandelter Form, sozusagen umgekehrt, zu einem seiner Hauptthemen gemacht. Darin wird der Mensch nach seinem Tode wieder zu Staub und Lehm, aus dem ein Töpfer Becher und Weinkrüge formt.

20.

Dem Töpfer sah einst im Basar ich zu,

Wie er den Lehm zerstampfte ohne Ruh.
Da hört' ich, wie der Lehm ihn leise bat:
„Nur sachte, Bruder, einst war ich wie du."[37]

und

24.

Gestern zerschlug ich meinen Krug mit Wein
In meiner Trunkenheit an einem Stein.
Da sprach des Kruges Scherbe: „Wie du bist,
War ich, und wie ich bin, wirst du einst sein."[38]

---

[36] Der Koran in der Übersetzung von Friedrich Rückert, ERGON VERLAG, 4. Auflage, S. 308

[37] Die Sinnsprüche Omars des Zeltmachers, Rubaijat-i-Omar-i-Khajjam. aus dem Persischen übertragen von Friedrich Rosen, III. Auflage, Deutsche Verlagsanstalt 1919, S. 30

Wenn im Koran auch nicht ausdrücklich steht, dass Gott den Menschen nach seinem Bilde schuf, so legt die beschriebene Art der Schöpfung doch nahe, dass es auch dort so verstanden wird. Meine Zitate von Xenophanes zeigen, dass ich diese Vorstellung nicht teile.

Ludwig Feuerbach schreibt als Reaktion auf Anfeindungen: „*nicht meine Wenigkeit nur, die Religion selbst sagt: Gott ist Mensch, der Mensch Gott; nicht ich, die Religion selbst verleugnet und verneint den Gott, der nicht Mensch, sondern nur ein Ens rationis* [das, was nur in Gedanken existiert – Anm. d. Verf.] *ist, indem sie Gott Mensch werden läßt und nun erst diesen menschlich gestalteten, menschlich fühlenden und gesinnten Gott zum Gegenstande ihrer Anbetung und Verehrung macht*"[39] An anderer Stelle bringt er es kurz auf die Umkehrung der biblischen Aussage und sagt: „*Der Mensch schuf Gott nach seinem Bilde*". Ein 1928 auf dem Rechenberg in Nürnberg errichtetes Feuerbach-Denkmal trägt eingemeißelt diesen Satz.[40]

---

[38] ebd., S. 32

[39] Ludwig Feuerbach, *Das Wesen des Christentums*, 3. Auflage, Reclams Universalbibliothek Nr. 4571, S. 22

[40] Josef Winiger: *Ludwig Feuerbach, Denker der Menschheit*, Aufbau Taschenbuch Verlag GmbH, Berlin 2004, S. 325

Schon David Hume sah die Religion, und damit natürlich auch die Vorstellung von Gott oder Göttern, als Konstrukt menschlichen Geistes, geboren aus der Schwäche und Ungesichertheit der menschlichen Existenz.

Dass der Mensch Gott schuf, hat Thomas Mann in seiner Joseph-Trilogie etwas verklausulierter und dichterisch verbrämter so ausgedrückt: „Denn ihm [Abraham, Anm. d. Verf.] gab Gott die Unruhe ins Herz um seinetwillen, daß er unermüdlich arbeite an Gott, ihn hervordenke und ihm einen Namen mache, zum Wohltäter schuf er sich ihn und erwiderte dem *Geschöpf, das den Schöpfer erschuf im Geiste*, die Wohltat mit ungeheuren Verheißungen."[41]

Spätestens nach Darwins Evolutionstheorie sind die meisten Menschen davon überzeugt, dass es eine natürliche Entwicklung von niederen zu höheren und komplexeren Lebewesen gegeben hat, und dass der Mensch ein Ergebnis dieser Evolution ist. Gegen diese These stellen sich noch immer die sogenannten Kreationisten, eine belächelte Minderheit, in den USA allerdings mit den Evangelikalen eine politisch durchaus einflussreiche Minderheit bei den rechten Republikanern, die noch immer wortwörtlich an den biblischen Text von der Schaffung des Menschen nach Gottes Bilde glaubt.

---

[41] Thomas Mann, *Joseph und seine Brüder*, Frankfurt 2000, 42

Es gibt aber auch noch eine große Zahl von Menschen, die – für mein Verständnis unlogischerweise - der Vorstellung eines persönlichen Gottes anhängen, die irgendwie – in anscheinend logischer Umkehr der biblischen Schöpfungsgeschichte – glauben, dass „der liebe Gott" in menschlicher oder menschähnlicher Gestalt existiert, obwohl sie längst von Darwins Evolutionstheorie überzeugt sind.

Das Wesen Gottes

Auf den ersten Blick scheint die Frage nach dem Wesen Gottes die tiefer gehende als die nach der Gestalt Gottes zu sein. Bei gründlicherem Überlegen hängen die beiden Fragen meiner Meinung nach aber zusammen, was schon aus dem letzten Satz des vorigen Kapitels hervorgeht.

Nach den Vorstellungen und Glaubensinhalten der monotheistischen Religionen ist Gott ein persönlicher Gott, ein Wesen, das die Anhänger dieser Religionen anbeten, zu dem sie beten, ihn um Bewahrung vor dem Übel bitten, sich ihm zuliebe um moralisches Verhalten bemühen. Sie gehen also davon aus, dass Gott das Schicksal, das Wohl und das Wehe eines jeden Menschen – wieder ein sehr menschlicher Gedanke – in seinen Händen hält.

Dabei überlege ich, warum Gott wohl mein Wohlsein über das eines Käfers oder einer Ameise stellen sollte, die ich auf einem Waldspaziergang ganz unabsichtlich zertrete. Warum sollte er meinen Wert höher ansetzen als den eines Tieres, das getötet wird, damit ich sein Fleisch essen kann? Eine solche Vorstellung scheint mir abwegig zu sein und menschlichem Hochmut zu entspringen, der Vorstellung der Mensch sei „die Krone der Schöpfung" und alles, was die Erde bietet, alle Natur und alle „Ressourcen" seien nur für die Nutzung durch den Mensch da, genau wie im Alten Testament geschrieben steht: *„Seid fruchtbar und vermehrt euch, bevölkert die Erde, unterwerft sie euch und herrscht über die Fische des Mee-*

res, über die Vögel des Himmels und über alle Tiere, die sich auf dem Lande regen."[42]

Im 20. Jahrhundert ist zwar eine Deutung aufgekommen, die diese Aufforderung eher in einem treuhänderischen oder behütenden Sinne verstanden wissen will, aber die Realität sieht ja anders aus, der Mensch ist unangefochten der größte Schädling der Natur.

Mir ist bewusst, dass ich mit dieser Aussage die christliche Religion, wie die monotheistischen Religionen überhaupt, des Hochmuts zeihe. „ *...der Glaube an die (religiöse) Vorsehung ist eins mit dem Glauben an die Schöpfung aus Nichts und umgekehrt: diese kann also auch keine andere Bedeutung haben, als die eben entwickelte Bedeutung der Vorsehung, und sie hat auch wirklich keine andere. Die Religion spricht dies hinlänglich dadurch aus, daß sie den Menschen als den Zweck der Schöpfung setzt. Alle Dinge sind um des Menschen willen, nicht um ihretwillen. Wer diese Lehre ... als Hochmut bezeichnet, erklärt das Christentum selbst für Hochmut*".[43]

Meine Haltung, die Achtung vor der Natur ausdrückt und dieser Achtung entspringt, ist allerdings in christlichen Augen gottlose Verletzung der Menschenwürde. So schreibt Feuerbach: „*Wenn die Christen den Menschen aus aller Gemeinschaft mit der Natur los-*

---

[42] Genesis 1,28

[43] Ludwig Feuerbach, Das Wesen des Christentums, 3. Auflage, Reclams Universalbibliothek Nr. 4571, S. 176

rissen und dadurch in das Extrem einer vornehmen Delikatesse verfielen, die schon entfernte Vergleiche des Menschen mit dem Tiere als gottlose Verletzung der Menschenwürde bezeichnete, so verfielen die Heiden in das andere Extrem, in die Gemeinheit, welche den Unterschied zwischen Tier und Mensch aufhebt, ...". [44] Insoweit bin ich den Heiden näher, zumindest was den Wert von Mensch und Tier vor Gott betrifft.

Wie Gott in den Religionen vermenschlicht wird, zeigen die menschlichen Attribute, die Gott gegeben werden, wie der liebe, der gerechte, der barmherzige Gott. Am weitesten gehen dabei die Muslime, die für Gott die neunundneunzig „schönen Namen" haben (اسماء الله الحسنى = asmā' Allāh al-ḥusnā). Jede Sure des Koran beginnt mit *„Im Namen Gottes, des Erbarmers, des Barmherzigen"* und nennt dabei die beiden ersten dieser neunundneunzig schönen Namen. Unter den übrigen Namen gibt es dann z.B. „der Erhabene, der Schöpfer, der Gerechte, der Weise, der Verzeihende" usw.

Passend zum Glauben an den persönlichen Gott der Muslime bezeichneten sich die osmanischen Sultane als „Schatten Gottes auf Erden". So steht in schöner arabischer Kalligraphie über der Wandnische rechts des Tores des Topkapı-Palastes in Istanbul *„Der Schatten des Sultans ist der Schatten Gottes auf Erden".* Die osmanischen Sultane demonstrieren so die

---

[44] Ludwig Feuerbach, *Das Wesen des Christentums*, 3. Auflage, Reclams Universalbibliothek Nr. 4571,, S. 237

Vorstellung von einem absoluten göttlichen Willen zur Legitimation ihrer Herrschaft nach einem vorherbestimmten göttlichen Plan.

Der Theologe Mouhanad Khorchide sagt in einem Interview der Zeitschrift DIE ZEIT dazu: „Wer dem Herrscher [der sich diesen Titel zugelegt hat] widerspricht, widerspricht Gott. Damit das Volk gefügig bleibt, ließen sie das Bild eines Gottes konstruieren, dem Gehorsam über alles geht."[45]

Darüber hinaus kann man es als trickreiche Umgehung des Verbots der bildlichen Darstellung Gottes im Islam ansehen. Gott und seinen Propheten abzubilden ist im Islam Ketzerei. Im Alten Ägypten bezeichneten sich die Pharaonen als „Bild Gottes". der Ägyptologe Jan Assmann beschreibt dies als „Prinzip der repräsentativen politischen Theologie des Herrschers".[46] Man könnte sagen, dass die islamischen Herrscher, die sich als Schatten Gottes bezeichneten, wahrscheinlich unbewusst, in dieser Tradition waren. Der Unterschied ist nur der, dass die Pharaonen Könige im polytheistischen Alten Ägypten waren, während es im streng monotheistischen Islam absolut verboten ist und daher das *Bild* durch *Schatten* ersetzt wurde. Damit könnte dem Buchstaben des Bildverbotes Genüge getan worden sein, seinem Geist widerspricht es aber wohl.

---

[45] DIE ZEIT Nr. 41/2012

[46] Jan Assmann, *Die Mosaische Unterscheidung oder der Preis des Monotheismus*, München und Wien 2003, S. 97

Auch über einem Torbogen im Harem des Topkapı-Palastes in Istanbul, ebenfalls kalligraphisch wunderschön auf einer großen Keramikplatte gestaltet: *„Der Schatten des Sultans ist gleich dem Schatten Gottes"* (siehe Abbildung). Welch erhabene Ankündigung und welche Ehre für die Haremsdamen vom Schatten Gottes begattet zu werden! Was aber, wenn der Schatten Gottes Potenzstörungen hat?

Torbogen im Harem des Topkapı-Palastes in Istanbul

Schon im 13. Jahrhundert hatte sich ein Herrscher der Rūm-Seldschuken, ʿIzz ad-Dīn Kayqawūs II ibn Kaykhusrū (reg. 1246-1257) diesen Titel zugelegt und ließ einige seiner Münzen damit prägen.[47]

---

[47] Michael Mitchiner, *The World of Islam – Oriental Coins and their Values*, London 1977, p. 173 (Englisch)

Wenn jedoch der Mensch Schöpfungszweck Gottes sein sollte, wäre Gott ohne den Menschen sinn- und zwecklos. Die Menschheit ist auf dem besten Wege, oder besser gesagt auf dem schlechten Wege, sich selbst abzuschaffen. Zumindest hat sie inzwischen die Mittel dazu. Das hieße aber, dass sie Gott, so wie er im Verständnis der monotheistischen Religionen existiert, gleichzeitig mit abschaffen würde. Das wäre aber kein allmächtiger, sondern ein armseliger Gott. Wenn es Gott gibt, müsste er nach meiner Vorstellung ein anderer, d.h. kein persönlicher wie der biblische sein.

Dies sind die Thesen Ludwig Feuerbachs in heutiger Zeit weiterentwickelt. Der Philosoph selbst würde heute vielleicht seine Ideen in diesem Sinne weitergedacht haben. Zu seinen Lebzeiten war das noch nicht abzusehen.

Schon vor tausend Jahren klagte einer der bedeutendsten arabischen Dichter und Freidenker: *„Der Mensch richtet zugrunde alles Leben ringsum".* Es war Abū'l ʿAlā al-Maʿarrī (mit vollem Namen *Abū'l ʿAlā Aḥmad b. ʿAbdallāh b. Sulaimān*, genannt al-Ma'arrī nach seinem Geburtsort *Ma'arrat an-Nu'mān*, etwa 80 km südlich der syrischen Stadt Aleppo)[48]. Er befasste sich auch schon mit dem Umgang des Menschen mit der Natur und schrieb in sei-

---

[48] Encyclopaedia of Islam, E. J. Brill, Leiden, 1991, Vol. V, S. 927

nem Lyrikwerk „*Die Notwendigkeit des Unnützen*"
dazu das Gedicht:

Völlerei von Schande und Schurkerei:
Alle sind schuldbeladen, kein Geschöpf,
das lauter wäre.
Such deine Nahrung in leeren Weiten,
wohne, wenn möglich, in Baumkronen.
Der Mensch stört dennoch den Löwen
in seiner Höhle,
gönnt dem Schakal keinen Frieden.
Diebe, die ihre Mitmenschen
zum Unrecht verführen,
könnten ebenso gut Trauben
in die Weinberge tragen.
Der Mensch richtet zugrunde alles Leben
ringsum,
verrät den Freund,
der seinen Beistand gesucht.
Wenn Du das Land des Eigentümers
bestellst und es fruchtbar machst
wirst Du mit Steinen entlohnt.[49]

Al-Ma'arri wurde im Jahre 973 als Sohn einer angesehenen und prominenten Familie geboren und starb
1058. Er erblindete im Kindesalter infolge einer Po-

---

[49] Abul Ala Al-Maarri: Die Notwendigkeit des Unnützen,
Gedichte: Deutsch von Cyrus Atabay, Verlag Eremiten-
Presse,   S. 13

ckenerkrankung. Diese Behinderung kompensierte er durch ein außergewöhnlich gutes Gedächtnis, das sich später in seinem Leben ins Sagenhafte gesteigert haben soll. Er genoss eine gute religiöse, sprachliche und literarische Erziehung, betätigte sich schon in jungen Jahren als Dichter und entwickelte sich zu einem in jeder Beziehung unangepassten Freigeist und Kritiker jeder Art von religiösem Dogmatismus. In Konsequenz seiner in obigem Gedicht geäußerten Kritik lebte er, obwohl er nicht arm war, äußerst asketisch und ernährte sich vegan. Es wird vermutet, dass er ein Mitglied von Ikhwān as-Safāʿ [der im Kapitel *Wesen der Religion* erwähnten geheimen Bruderschaft der „Lauteren Brüder", Anm. d. Verf.] war.[50]

Seine Kritik am Dogmatismus kommt in seinem folgenden Gedicht zum Ausdruck:

> Freunde, gebt keinen Pfennig
> für alte Dogmen!
> Die Leute begehen ungeheure Verbrechen,
> denn sie haben gelernt,
> daß nur kleine Vergehen
> in der Hölle gesühnt werden.[51]

---

[50] Detlev Quintern / Kamal Ramahi, *Qarmaten und Iḫwān as-safāʿ, Gerechtigkeitsbewegungen unter den Abbāsiden und die Universalistische Geschichtstheorie*, Hamburg 2006, S. 285

[51] Abul Ala Al-Maarri: *Die Notwendigkeit des Unnützen*, Gedichte: Deutsch von Cyrus Atabay, S. 8

Seine harsche Religionskritik im Allgemeinen wird in folgendem Gedicht deutlich:

Die Hanifen[52] sind im Irrtum, die Christen sind
nicht auf dem rechten Weg, die Juden sind
verwirrt, und die Zoroastrier irrgeleitet!

Die Bewohner der Erde zerfallen in zwei Gruppen:

die einen haben Vernunft, aber keine Religion,

und die anderen haben Religion, aber keine

Vernunft.[53]

Diese Aussage ist sehr hart und klingt ähnlich dogmatisch, wie die „alleinselig machenden Wahrheiten" der Verkünder religiöser Dogmen. Es ist sehr schwarz-weiß, wahrscheinlich der Kürze und Verdichtung der lyrischen Form geschuldet. Ich teile zwar Al-Ma'arrī's Ablehnung der Religion, aber nur für mich selbst. Ich maße mir kein Urteil über die Vernunftbegabung anderer in ihrer Haltung zur Religion an.

Goethe hatte zwar eine ähnliche Ansicht wie Al-Ma'arrī, hat sie aber etwas feiner ausgedrückt:

Wer Wissenschaft und Kunst besitzt,

---

[52] Die Angehörigen der Religion Abrahams; der Begriff steht hier für Muslime

[53] Abū l –'Alā' Al-Ma'arri, *Paradies und Hölle*, Aus dem Arabischen übersetzt und herausgegeben von Gregor Schöler, München 2002, aus der Einleitung Gregor Schölers, S. 17

hat auch Religion;

wer jene beiden nicht besitzt,

der habe Religion.[54]

Eins von Al-Ma'arrīs Gedichten, in dem er die Intoleranz der Menschen verdammt, entspricht mehr meiner Haltung:

Schmähsucht hat so die Welt entstellt,

daß wetteifernde Sekten sich gegenseitig

die Botschaften verdrehen;

wäre nicht Haß

dem Menschen angeboren,

könnten Kirchen und Moscheen

nachbarlich beieinander stehen.[55]

Die Kirchen und Moscheen benötige ich zwar nicht, um mir dort Predigten und religiöse Verkündungen anzuhören, aber ich suche sie gelegentlich auf, um sie als beeindruckende Bauwerke zu bewundern. Ludwig Feuerbach schreibt in diesem Sinne: *„Die Tempel zu*

---

[54] *Goethe Gedichte*, herausgegeben und kommentiert von Erich Trunz, München 2007, S. 367

[55] Abul Ala Al-Maarri: *Die Notwendigkeit des Unnützen*, Gedichte: Deutsch von Cyrus Atabay, Verlag Eremiten-Presse, S. 21

Ehren der Religion sind in Wahrheit Tempel zu Ehren der Baukunst. "[56] Als solche besuche ich sie.

In Ma'arrat an-Nu'man, dem Geburtsort des Dichters, gab es ein Denkmal, das ihn und sein Werk würdigte. Nachdem die Al-Nusra-Front, eine dschihadistisch-salafistische, damals mit Al-Qaida verbundene Terror-Organisation, die im syrischen Bürgerkrieg gegen die Regierung Baschar al-Assads kämpft, Anfang 2013 den Ort eroberte, zerstörten die Kämpfer dieser Bande das Denkmal und köpften seine Büste.

Ein halbes Jahrtausend nach Al-Ma'arrī schrieb der Humanist und katholische Priester – das war offensichtlich zu seiner Zeit kein Widerspruch – Erasmus von Rotterdam im Jahre 1509 in seiner köstlichen Satireschrift „Das Lob der Torheit" die folgenden Sätze, die an Al-Ma'arrī erinnern: „.... *will ich Euch in aller Kürze dartun, dass die christliche Religion eine gewisse Verwandtschaft mit der Torheit hat und zu der Weisheit in keiner Beziehung steht. Wenn ihr hierfür Beweise wünscht, so achtet zunächst darauf, daß junge Leute, Greise, Frauen und Dummköpfe vor allen anderen an heiligen Handlungen und religiösen Bräuchen Gefallen finden und sich deshalb so nahe wie möglich an den Altar drängen. "[57]*

---

[56] Ludwig Feuerbach, *Das Wesen des Christentums*, 3. Auflage, Reclams Universalbibliothek Nr. 4571, S. 64

[57] www.welcker-online.de/Texte/Erasmus/torheit.pdf, S. 78

Allerdings besteht ein entscheidender Unterschied zwischen den beiden. Al-Ma'arrī, geborener und vermutlich auch gebliebener Muslim – ganz genau weiß man das nicht – meinte seine Religionskritik ernst. Der Katholik Erasmus von Rotterdam meinte seinen Satz ironisch, als Satire, und wir können uns noch heute sein vergnügliches Augenzwinkern vorstellen. Beiden gemeinsam ist, dass sie großartige Humanisten waren, was besonders bei Al-Ma'arrī ungewöhnlichen persönlichen Mut voraussetzte.

Der große niederländische Philosoph Baruch de Spinoza, der sich als Autor seiner in Latein verfassten Werke latinisiert Benedictus de Spinoza nannte, bezeichnete Gott als die ungeteilte Substanz aus Materie und Denken.

„Alle Dinge zusammen und zugleich, nämlich alle Wesen nicht nacheinander und folglich nicht auseinander, sondern in ihrer Wesenheit zusammengefaßt als eines, als ein Unteilbares, d.i. alle Wesen zusammen, inwiefern sie als nicht unterschieden, nur ein Wesen, eine Sache, ein Ganzes ausmachen, konstituieren daher Gott selbst. Deswegen ist aber Gott nicht etwa zusammengesetzt aus den Wesen und Dingen als seinen Teilen, sondern er ist das absolute prius [Erste]; die Substanz ist früher als ihre Affektionen, ist das absolut Eine, das einzig Selbständige, von dem die Wesen keine Teile, sondern von dessen Eigenschaften sie nur Bestimmungen sind." So erklärt es Ludwig Feuerbach, für mich etwas verständlicher als

Spinoza selbst.[58] Damit ist Spinoza der geistige Vater des Pantheismus, obwohl der Begriff selbst erst etwas später in der Aufklärung entstand. Er wurde 1709 von dem englischen Philosophen John Toland geprägt, der damit seinen eigenen Glauben beschrieb.

Spinoza, 1632 in Amsterdam geboren, war von seiner Herkunft Jude, hatte in seiner Jugend Hebräisch erlernt und Thora und Talmud studiert. Er ging jedoch schon bald von der Theologie zur Philosophie über, studierte u.a. die Werke von Descartes und sagte sich von der jüdischen Religion los. Die Amsterdamer jüdische Gemeinde exkommunizierte ihn daraufhin, und er verließ Amsterdam, um Anfeindungen und Angriffen zu entgehen und ließ sich nacheinander in mehreren anderen niederländischen Orten nieder. Seinen Lebensunterhalt verdiente er sich zuerst mit der Herstellung optischer Gläser.[59]

So wie Spinoza Gott beschreibt, könnte auch ich ihn mir vorstellen, unpersönlich, in allem präsent und das Kleine den Kleinen überlassend, einschließlich der Wahl sich selbst als Art insgesamt zugrunde zu richten. Die Welt und die Natur wird bestehen bleiben. Es

---

[58] Ludwig Feuerbach, Geschichte der neuern Philosophie von Bacon bis Spinoza, Verlag Philip Reclam jun., Leipzig 1976, S. 300

[59] Ludwig Feuerbach, Geschichte der neuern Philosophie von Bacon bis Spinoza, Verlag Philip Reclam jun., Leipzig 1976, S. 301/302

mag Gott geben, für mein persönliches Schicksal ist er nicht verantwortlich.

Spinoza war kein Physiker, aber sein Gottesverständnis erinnert an Physik. In den 40er Jahren des 19. Jahrhunderts stellten verschiedene Physiker die These auf, dass Energie nicht verloren gehen könne, das man sie nicht erzeugen oder vernichten, sondern nur umwandeln könne. Hermann von Helmholtz formulierte dann endgültig 1847 den Energieerhaltungssatz. Diese physikalische Einsicht hat durchaus etwas Religiöses im Sinne Spinozas. Auch heute halten ja viele Menschen eine umfassende Energie im pantheistischen Sinne für etwas, was allem zugrunde liegt.

Von Goethe wissen wir, dass er dem Pantheismus und den Thesen Spinozas zuneigte. Dies kommt in der dritten Strophe des Gedichtes Proœmion, mit dem er das Oberthema „Gott und Welt" einleitet, sehr poetisch zum Ausdruck:

> Was wär' ein Gott, der nur von außen stieße,
> Im Kreis das All am Finger laufen ließe!
> Ihm ziehmt's, die Welt im Innern zu bewegen,
> Natur in sich, sich in Natur zu hegen,
> So daß, was in ihm lebt und webt und ist,
> Nie seine Kraft, nie seinen Geist vermißt.[60]

Selbst dieses Gedicht könnte man als eine von Goethe im Voraus geahnte lyrische Fassung des Energie-

---

[60] Goethes Werke. Auswahl in vierundzwa2nzig Bänden, Max Hesse's Verlag, Leipzig, III. Band, S. 185

erhaltungssatzes lesen, auch wenn es natürlich nicht im physikalischen, sondern im religiösen Sinn gedichtet wurde.

In Goethes Faust, erster Teil, lesen wir die berühmte „Gretchenfrage". Margarete, genannt Gretchen, fragt Faust:

> Nun sag‘, wie hast du’s mit der Religion?
>
> Du bist ein herzlich guter Mann,
>
> Allein ich glaub‘, du hältst nicht viel davon.

Faust weicht aus, will Gretchen nicht verunsichern und antwortet:

> Laß das, mein Kind! Du fühlst, ich bin dir gut;
>
> Für meine Lieben ließ‘ ich Leib und Blut,
>
> will niemand sein Gefühl und seine Kirche rauben.

Nach weiterem Wortwechsel und Gretchens insistierendem Nachfragen – „so glaubst du nicht?" - antwortet Faust:

> Mißhör mich nicht, du holdes Angesicht!
>
> Wer darf ihn nennen?
>
> Und wer bekennen:
>
> Ich glaub‘ ihn?
>
> Wer empfinden
>
> Und sich unterwinden,
>
> zu sagen: ich glaub‘ ihn nicht?
>
> Der Allumfasser,
>
> Der Allerhalter,

Faßt und erhält er nicht

Dich, mich, sich selbst?

Wölbt sich der Himmel nicht da droben?

Liegt die Erde nicht hier unten fest?

Und steigen freundlich blickend

Ewige Sterne nicht herauf?

Schau' ich nicht Aug' in Auge dir

Und drängt nicht alles

Nach Haupt und Herzen dir

Und webt in ewigem Geheimnis

Unsichtbar sichtbar neben dir?

Erfüll' davon dein Herz, so groß es ist,

Und wenn du ganz in dem Gefühle selig bist,

Nenn' es dann, wie du willst,

Nenn's Glück! Herz! Liebe! Gott!

Ich habe keinen Namen

Dafür! Gefühl ist alles;

Name ist Schall und Rauch,

Umnebelnd Himmelsglut.[61]

Zum Verhältnis Goethes zu Spinoza schreibt Katharina Mommsen in ihrem Buch *Goethe und die Arabische Welt* in einem Kapitel, in dem es um die 100 – teils widersprüchlichen - Namen Gottes (Allah und die 99 schönen Namen Gottes) im Islam geht: „*Im*

---

[61] Goethes Werke. Auswahl in vierundzwanzig Bänden, Max Hesse's Verlag, Leipzig, V. Band, S. 89/90

vierten Teil von Dichtung und Wahrheit verweist Goethe zur Verdeutlichung seiner Gottesauffassung – die auch die (scheinbare) Widersprüchlichkeit des höchsten Wesens einschließt – auf »jenen sonderbaren, aber ungeheuerlichen Spruch«: Nemo contra deum nisi deus ipse [Niemand darf Gott in Frage stellen außer Gott selbst] und deutet unmißverständlich an, wie sehr er sich als Schüler Spinozas empfindet. Spinoza legte in seiner Ethik ausführlich dar, daß die Eigenschaften der Gott-Natur unendliche sind; auch was dem Menschen negativ, schlecht, schädlich erscheint, hat in der Gott-Natur seinen Ursprung. Begriffe wie »gut«, »böse« usw. entstammen nur der unzulänglichen menschlichen Perspektive, dem Zweckdenken, der Tendenz, alles in der Natur als Mittel zum menschlichen Nutzen zu betrachten, dem Vorurteil, Gott habe alles um des Menschen willen gemacht. Solche Lehre vom menschlichen Zweck aber stelle die Natur vollständig auf den Kopf und sei eine Verkennung der absoluten Natur Gottes.[62]

Es ist sehr spannend, interessant und reizvoll, hier mit den 100 Namen Gottes im Islam, einer monotheistischen Religion mit dem Verständnis eines persönlichen Gottes, in ihrer teilweisen Widersprüchlichkeit, eine Beziehung zum Pantheismus Spinozas hergestellt zu sehen.

---

[62] Katharina Mommsen, *Goethe und die Arabische Welt*, Frankfurt am Main 1988, S. 308/309.

Rüdiger Safranski zitiert in seiner Goethe-Biografie das letzte Gedicht des *„Buch Suleika"* in *„West-Östlicher Diwan"*:

In tausend Formen magst du dich verstecken,
Doch, Allerliebste, gleich erkenn' ich dich.
Du magst mit Trauerschleiern dich bedecken,
Allgegenwärtige, gleich erkenn' ich dich.
An der Cypresse reinstem, jungem Streben,
Allschöngewachsne, gleich erkenn' ich dich.
In des Kanales reinem Wellenleben,
Allschmeichelhafte, wohl erkenn' ich dich.
Wenn steigend sich der Wasserstrahl entfaltet,
Allspielende, wie froh erkenn' ich dich.
Wenn Wolke sich gestaltend umgestaltet,
Allmannigfaltige, dort erkenn' ich dich.
An des geblümten Schleiers Wiesenteppich,
Allbuntbesternte, schön erkenn' ich dich.
Und greift umher ein tausendarm'ger Eppich,
O Allumklammernde, da kenn' ich dich;
Wenn am Gebirg der Morgen sich entzündet,
Gleich, Allerheiternde, begrüß' ich dich,
Dann über mir der Himmel rein sich ründet,
Allherzerweiternde, dann atm' ich dich.
Was ich mit äußerm Sinn, mit innerm kenne,
Du Allbelehrende, kenn' ich durch dich;
Und wenn ich Allahs Namenhundert nenne,
Mit jedem klingt ein Name nach für dich.

Safranski bezieht sich also ebenfalls auf den „West-Östlichen Diwan" und schreibt dann weiter dazu: „Diese lyrische Exaltation bezieht sich auf eine Geliebte und zugleich auf ein kosmisches Prinzip – das ist erotischer Pantheismus in der Gestalt eines poetischen Polytheismus. Fehlt nur noch der Monotheismus in moralischen Fragen, dann wäre der uns inzwischen bekannten Maxime Genüge getan: *Wir sind / Naturforschend Pantheisten / Dichtend Polytheisten, / Sittlich Monotheisten.*"[63]

Safranski meint in dem Gedicht einen „poetischen Polytheismus" zu erkennen. Das mag man so sehen. Wenn aber Goethe selbst sich in den letzten beiden Versen auf „Allahs Namenhundert" bezieht, sehe ich darin eher einen Bezug zum monotheistischen Islam, in dem Allah *Einer* ist, auch wenn er hundert Namen hat, und die Geliebte, die Goethe in dem Gedicht anspricht, ist *eine*, auch wenn der Dichter ihr mehrere – kosende - Namen gibt.

Deutlicher belegt Safranski Goethes Neigung zum Pantheismus an anderer Stelle. Er bezieht sich dort auf Goethes freundschaftliche Beziehung zu dem Philosophen und Schriftsteller Friedrich Heinrich Jacobi (1743-1819) und auf eine zeitweilige Trübung dieser Beziehung. „Jacobi hatte Goethe seine Schrift »Von den Göttlichen Dingen und ihrer Offenbarung« zugeschickt, worin er den Gedanken entwickelte,

---

[63] Rüdiger Safranski, *Goethe – Kunstwerk des Lebens*, München 2013, S. 567

Gott sei keinesfalls aus der Natur zu begreifen. »Der Mensch offenbaret Gott, indem er mit dem Geiste sich über die Natur erhebt« schreibt Jacobi.

Das war eine vollkommene Gegenposition zu Goethe, der sogar den Eindruck hatte, diese Schrift des Freundes enthielte eine direkte Spitze gegen ihn. Sehr verärgert schrieb er Knebel, dem anderen Freund aus frühester Zeit: *Wem es nicht zu Kopfe will, daß Geist und Materie, Seele und Körper [...] die notwendigen Doppelingredienzen des Universums waren, sind und sein werden, [...] wer zu dieser Vorstellung sich nicht erheben kann, der hätte das Denken längst aufgeben [...] sollen.* Jacobi hatte ihn, schreibt er weiter, über Jahre mit seinen Glaubensdingen gequält und deshalb geschehe es ihm recht, *wenn sein graues Haupt mit Jammer in die Grube fährt.*

Jacobi war das letzte Mal 1805, kurz nach Schillers Tod, bei Goethe zu Besuch gewesen. Seitdem hatten sich die beiden nicht mehr gesehen. Als der erste Ärger über Jacobis frommes Werk verflogen war, gelang Goethe in einem freundlichen Brief an ihn eine prägnante Beschreibung seines Verhältnisses zur Religion. *Ich für mich kann*, schrieb er Anfang 1813 an Jacobi, *nicht an einer Denkweise genug haben; als Dichter und Künstler bin ich Polytheist, Pantheist hingegen als Naturforscher, und eins so entschieden als das andre. Bedarf ich eines Gottes für meine Persönlichkeit, als sittlicher Mensch, so ist dafür auch schon gesorgt."* Daraus wurde dann in den »Maximen« des Nachlasses das auf der vorigen Seite zitierte Motto in kurzer lyrischer Fassung.[64]

Heinrich Heine schwärmt in seinem Werk „*Zur Geschichte der Religion und Philosophie in Deutschland*" (1834) in den höchsten Tönen von Spinoza und dessen Moralität und gibt sich über mehrere Seiten als überzeugter Anhänger des Pantheismus zu erkennen. Er konstatiert, „daß der Lebenswandel des Spinoza frei von allem Tadel war, rein und makellos wie das Leben seines göttlichen Vetters, Jesu Christi".[65] Zu Spinozas Schriften schreibt er: „*Bei der Lektüre des Spinoza ergreift uns ein Gefühl wie beim Anblick der großen Natur in ihrer lebendigsten Ruhe. Ein Wald von himmelhohen Gedanken, deren blühende Wipfel in wogender Bewegung sind, während unerschütterliche Baumstämme in der ewigen Erde Wurzeln.*"[66] Nach begeisterter Beschreibung des Pantheismus wendet er sich aggressiv und spottend gegen den Deismus. „*In der That, wir sind dem Deismus entwachsen. Wir sind frei und wollen keines donnernden Tyrannen. Wir sind mündig und bedürfen keiner väterlichen Vorsorge. Auch sind wir keine Machwerke eines großen Mechanikus. Der Deismus*

---

[64] Rüdiger Safranski, *Goethe – Kunstwerk des Lebens*, München 2013, S. 533/534

[65] Heinrich Heines sämtliche Werke, Max Hesse's Verlag, Leipzig, Bd. VII, S. 50

[66] ebd., S. 49

ist eine Religion für Knechte, für Kinder, für Genfer, für Uhrmacher."[67]

Bei dieser Spöttelei ist klar, was mit Knechten und Kindern gemeint ist, doch mag man sich fragen, wieso Genfer und Uhrmacher in die gleiche Kategorie gehören sollen. Mit den Genfern meint er den in Genf geborenen Jean-Jacques Rousseau (1712-1778) und seine Anhänger einer – nach Rousseau - natürlichen Religion der Gotteserkenntnis, die sich aus Erfahrung und Vernunft ergeben soll. Mit den Uhrmachern sind die Anhänger der Lehre Gottfried Wilhelm Leibniz' (1646-1716) gemeint. Leibniz bezeichnete Gott als einen Uhrmacher, der das von ihm konstruierte perfekte Uhrwerk in Gang setzte. Beides sind Richtungen des Deismus, die sich im Zuge der Aufklärung vom Christentum abgrenzten. Die Aufklärung bringt also nicht automatisch auch Toleranz ihrer verschiedenen Glaubenslehren untereinander. Oder ist es nur Heine, der Opfer für seinen Spott braucht? Aber auch Voltaire hat sich von den Deisten und besonders von Rousseau entschieden abgegrenzt.

Schon ein knappes halbes Jahrtausend vor Spinoza hatte der große muslimische Mystiker, der „Scheikh al-Akbar" (größter Meister) der Sufis, Muhi-id-Din Ibn al-'Arabi, geboren 1160 in Murcia, Andalusien, gestorben 1240 in Damaskus, ähnlich pantheistische Vorstellungen von Gott. Er sagt: „Gott ist du und ich

---

[67] Heinrich Heines sämtliche Werke, Max Hesse's Verlag, Leipzig, Bd. VII, S. 57

und alles andere im Universum. Er ist alles, was wahrnehmbar und nicht wahrnehmbar ist, materiell und spirituell."[68]

„Gott ist in allen Dingen und doch über allen Dingen, was mehr eine Beschreibung als eine Definition ist. Aber sogar eine solche Definition (oder Beschreibung), betont Ibn Arabi, enthalte Definitionen aller Dinge, seien sie tatsächlich oder potenziell, physisch oder spirituell; und da ein vollständiges Wissen von allem für den Menschen nicht möglich sei, sei auch eine vollständige Definition von Gott unmöglich."[69]

Trotz dieser Thesen ist Gott für Ibn al-Arabi ein persönlicher Gott, und er bezieht sich auf den Propheten Mohammed und auf den Koran. Mir scheint dies ein Widerspruch in sich zu sein, aber auf der anderen Seite setzt der Sufismus einen persönlichen Gott voraus.

Die Thesen dieses Sufis sind sehr kompliziert und nicht leicht verständlich, sodass sogar sein Sufi-Zeitgenosse, der auch heute noch von vielen Muslimen verehrte Maulana Dschelaleddin Rumi fand, „daß Musik eher den Weg zum Himmel öffnet als die »Mekkanischen Eröffnungen« (Futūḥāt al-makkiyya),

---

[68] Muhyiddin Ibn Arabi, *Der verborgene Schatz, Des größten Meisters mystische Philosophie der Einheit aller Existenz*, Zürich 2006, S. 70

[69] ebd., S. 71

das umfangreiche, tiefschürfende Werk des Ibn 'Arabi".[70]

Für seine Ideen ist Ibn al-'Arabi von orthodoxen Religionsgelehrten, wie Ibn Taimiyya (1268-1328), dem Inspirator des modernen Islamismus und Salafismus, scharf angegriffen und des Ketzertums (*kufr*) bezichtigt worden.[71]

Von den Vertretern der monotheistischen Religionen wird der Pantheismus vielfach als Atheismus verunglimpft. Außer tatsächlich religiöser Argumente mögen auch handfeste Interessen dabei – aus der Sicht dieser Vertreter auch plausible und verständliche – eine Rolle spielen, nämlich die, dass der Pantheismus keine religiösen Hierarchien, keinen Papst, keine Priester, Rabbiner, Imame oder Mullahs zu seiner Vermittlung braucht, also auch keine Instrumente der Machtausübung, keine Hirten für die Schafe.

Bei Negierung der Vorstellung eines persönlichen Gottes hat es keinen Zweck, zu beten und Gott um die Abwendung eines Übels zu bitten. Ich weiß es aber durchaus zu schätzen, wenn einer oder eine meiner christlich-gläubigen Nachkommen für mich oder meine Frau betet. Gute Wünsche derer, die uns lieben, tun ja gut. Auch können für gläubige Menschen Gebete eine positive Wirkung haben, und wenn es,

---

[70] Annemarie Schimmel, Rumi – Ich bin Wind und du bist Feuer, 9. Aufl., Köln 1978, S. 30

[71] Encyclopaedia of Islam (EI), Vol. 03, p. 710/711

wie in der Medizin, der Placebo-Effekt ist, wie ich als unverbesserlicher Zweifler vermuten würde. Wenn meine irakische Schwiegermutter, um ein sehr banales Beispiel zu nehmen, etwas verloren oder verlegt hatte und sie es wiederfinden wollte, betete sie zum heiligen Anton, und ihre Gebete hatten immer Erfolg.

Ludwig Feuerbach beschreibt sehr deutlich und eindrucksvoll, wie der religiöse Mensch im Gebet Gott zum Menschen, sozusagen zu seinesgleichen macht: *„Jede Religion, die auf diesen Namen Anspruch hat, setzt nämlich voraus, daß Gott nicht gleichgültig ist gegen die Wesen, die ihn verehren, daß also Menschliches ihm nicht fremd, daß er als ein Gegenstand menschlicher Verehrung selbst ein menschlicher Gott ist. [.......] Im Gebete ziehe ich Gott in das menschliche Elend herein, ich lasse ihn teilnehmen an meinen Leiden und Bedürfnissen. [.......] Er wird Mensch mit dem Menschen; denn er erhört mich, erbarmt sich meiner, so wird er affiziert von meinen Leiden."*[72] Und an anderer Stelle: „Das *absolute Wesen*, der Gott des Menschen ist *sein eignes* Wesen."[73]

Auch die Eidesformel „Ich schwöre es, so wahr mir Gott helfe" käme für mich nicht infrage, und die Phrase „Gott sei Dank" vermeide ich weitgehend, obwohl sie mir manchmal doch noch unbedacht und

---

[72] Ludwig Feuerbach, *Das Wesen des Christentums*, 3. Auflage, Reclams Universalbibliothek Nr. 4571,, S. 107/108

[73] ebd., S. 43

aus alter Gewohnheit über die Lippen kommt. Der Gruß „Grüß Gott!" ist ja in Norddeutschland sowieso nicht üblich und wenn er doch einmal gehört wird, oft mit dem ironischen Zusatz versehen „wenn du ihn siehst".

Absolut konsequent bin ich jedoch auch nicht. Merkwürdigerweise verschwindet bei mir die Hemmung, das Wort „Gott" auszusprechen im Arabischen. Wenn ich einem Araber in seiner Sprache gute Besserung wünsche, sage ich ohne jede Scheu „Möge Gott Dir Heilung bescheren". Der Orient ist der Religion in Kultur und Sprache näher, und im Umgang mit Orientalen passe ich mich diesem Umstand ganz offensichtlich instinktiv und – nach fünfzehnjährigem Aufenthalt im Orient - aus großer Gefühlsnähe zum Orient an. Auch in dieser Beziehung habe ich eine Abneigung gegen dogmatisches Verhalten.

Auch Albert Einstein lehnte die Vorstellung von einem persönlichen Gott ab. Im Jahre 2015 wurden in Kalifornien 27 Briefe Einsteins versteigert. Die Londoner Zeitung „The Independent" berichtete darüber und zitiert aus einem dieser Briefe, den er 1949 an den kalifornischen Geschichtslehrer Guy Raner, mit dem er gelegentlich korrespondierte: *„Ich habe wiederholt gesagt, dass nach meiner Meinung die Vorstellung eines persönlichen Gottes eine kindliche sei. Sie können mich einen Agnostiker nennen, aber ich teile nicht den kämpferischen Geist des professionellen Atheisten [....] Ich bevorzuge eine Haltung der Bescheidenheit entsprechend der Schwäche unseres* *intellektuellen Verständnisses der Natur und unseres eigenen Daseins.* "[74]

Einstein setzt hier in gewisser Weise, obwohl er sich abgrenzt, Agnostiker und Atheisten gleich, wie auch viele monotheistische Kritiker des Pantheismus diesen mit Atheismus gleichsetzen. Ich bin Agnostiker und ich habe als Agnostiker große Sympathie für den Pantheismus von Spinoza und spüre eine geistige Nähe zu ihm. Ich lege Wert darauf, zu betonen, dass ich kein Atheist bin, nicht weil ich den Atheismus für despektierlich halte, sondern weil ich in ihm eine Art von Religion sehe, die – wie die monotheistischen Religionen – nicht gegen Rechthaberei und Dogmatismus gefeit ist. Die Nicht-Existenz Gottes ist genau so wenig zu beweisen wie seine Existenz. Beides ist Glaube, Glaube, der das Bedürfnis nach Gewissheit und dem Wissen von Wahrheit ausdrückt, dem Besitz *der* Wahrheit als Waffe gegen die Anderen.

---

[74] „The Independent", London, Freitag, 12. Juni 2015

Leben nach dem Tode - Unsterblichkeit

Was für eine schöne Vorstellung: Im Jenseits treffe ich alle Menschen wieder, die ich liebe oder zu ihren Lebzeiten geliebt habe und die mir etwas bedeuten oder bedeuteten, dazu noch Geistesgrößen früherer Zeiten, den Dichter Friedrich Rückert, dessen Werk ich besonders schätze oder auch Abū'l 'Alā' al-Ma'arrī, Ibn Ruschd/Averroes, 'Omar Khayyām, Erasmus von Rotterdam und andere. Allerdings ist es nach meiner Meinung eine Illusion. Das mag man bedauern, aber ich kann es akzeptieren und versuche und bemühe mich, so gut es geht – und mir geht es gut dabei -, im Diesseits, im Hier und Jetzt sinnvoll und erfüllt zu leben. Die Menschen sind verschieden. Der eine glaubt, der andere zweifelt und der Dritte glaubt nicht. Dieser Unterschied macht nicht einen besser oder höher stehend als den anderen.

Voltaire schrieb zu der Frage, ob der Mensch eine unkörperliche und unsterbliche Seele habe: *Das wäre etwas Schönes, wenn man seine Seele sehen könnte. «Erkenne dich selbst»- ist ein ausgezeichneter Rat. Aber nur Gott könnte ihn in die Tat umsetzen. Wir nennen Seele, was beseelt ist. Mehr wissen wir nicht von diesen Dingen, weil unsere Intelligenz ihre Grenzen hat. Drei Viertel der Menschheit lassen es dabei bewenden; das letzte Viertel ist auf der Suche; niemand hat gefunden oder wird je finden.*[75]

---

[75] Georg Holmsten, *Voltaire*, Reinbek bei Hamburg 1971, S. 117

77

Die Vorstellung von der Unsterblichkeit und vom Leben im Jenseits wird von den monotheistischen Religionen aus mehreren Gründen vertreten:

- als Trost für die, die im Diesseits in Armut und Elend leben, und um sie ruhig zu stellen, damit sie nicht auf revolutionäre Gedanken kommen

- um die Gerechtigkeit Gottes denen für das Jenseits zu versprechen, die sie auf Erden schmerzlich vermissen müssen, d.h so dem Zweifel an der Gerechtigkeit Gottes zu entgegnen

- um die Gläubigen durch Angst vor Hölle und Fegefeuer oder Hoffnung auf das Paradies im Jenseits zu einem „gottgefälligen Leben" auf Erden zu bewegen. (Dazu noch mehr im Kapitel *Religion und Moral*). Sehr deutlich wird das in dem Kindergebet ausgedrückt, das heißt: Lieber Gott mach mich fromm, dass ich in den Himmel komm.

Der Dichter Heinrich Heine (1797 oder 1799-1856), Sohn jüdischer Eltern und später lutherisch getauft, ist ein Beispiel für die Anwendung der Gründe hinter den ersten beiden Spiegelstrichen. In den 30er Jahren des 19. Jahrhunderts war er Anhänger des Pantheismus, wie Baruch de Spinoza ihn philosophisch begründet hat. In den acht letzten Lebensjahren, den Jahren seines qualvollen Krankenlagers und Siechtums, den Jahren der von ihm so genannten „Matratzengruft", war er in der Situation, dass er, wie er schrieb, *„einen Gott begehrt, der zu helfen vermag"*.

Er kehrte zum Glauben an einen persönlichen Gott zurück. Im Nachwort zu seinem Gedichtband „Romanzero" schrieb er im September 1851: *„Ja, ich bin zurückgekehrt, wie der verlorene Sohn, nachdem ich lange Zeit bei den Hegelianern die Schweine gehütet. War es die Misère, die mich zurücktrieb? Vielleicht ein miserabler Grund. Das himmlische Heimweh überfiel mich und trieb mich fort durch Wälder und Schluchten, über die schwindlichsten Pfade der Dialektik. Auf meinem Wege fand ich den Gott der Pantheisten, aber ich konnte ihn nicht gebrauchen. Dies arme träumerische Wesen ist mit der Welt verwebt und verwachsen, gleichsam in ihr eingekerkert, und gähnt dich an, willenlos und ohnmächtig. Um einen Willen zu haben, muß man eine Person sein, und, um ihn zu manifestiren, muß man die Ellbogen frei haben. Wenn man nun einen Gott begehrt, der zu helfen vermag – und das ist doch die Hauptsache – so muß man auch seine Persönlichkeit, seine Außerweltlichkeit und seine heiligen Attribute, die Allgüte, die Allweisheit, die Allgerechtigkeit u. s. w. annehmen. Die Unsterblichkeit der Seele, unsre Fortdauer nach dem Tode, wird uns dann gleichsam mit in den Kauf gegeben, wie der schöne Markknochen, den der Fleischer, wenn er mit seinen Kunden zufrieden ist, ihnen unentgeltlich in den Korb schiebt. "*[76]

Des Dichters körperlicher und – mehr noch – seelischer Zustand machten es für ihn notwendig, sich

---

[76] Heinrich Heines sämtliche Werke, Max Hesse's Verlag, Leipzig, Band III, S. 9

Gott wieder so zu schaffen, wie er für ihn in seiner Situation nötig und hilfreich war. Wer wollte wohl darüber richten? Er hatte in dieser Beziehung allerdings doch Grund zur Klage, wie er im gleichen Nachwort schrieb: *„Ja, wie mit der Kreatur, habe ich auch mit dem Schöpfer Frieden gemacht, zum großen Ärgernis meiner aufgeklärten Freunde, die mir Vorwürfe machten über dieses Zurückfallen in den alten Aberglauben, wie sie meine Heimkehr zu Gott zu nennen beliebten."*[77]

Heinrich Heine hätte seine Rückkehr zum Glauben an einen persönlichen Gott nicht an die große Glocke hängen müssen. Aber Heine wäre nicht Heine gewesen, wenn er Rücksicht auf die Meinungen anderer genommen hätte. Fritz J. Raddatz schreibt in seiner Heine-Biografie, allerdings in anderem Zusammenhang, über ihn: *„Ein Schöpfer* (wie Heine – Anm.d.V.) *steht außerhalb der Ordnung, jenseits des Gesetzes. Er schafft sich täglich neu, und er schafft seine eigenen Gesetzte."*[78]

Es fragt sich allerdings, ob es möglich ist, dass sich ein Mensch, dazu noch ein Mensch von Geist, wie man es bei Heinrich Heine voraussetzen kann, seinen Gott nach Nützlichkeitserwägungen wählen oder

---

[77] Heinrich Heines sämtliche Werke, Max Hesse's Verlag, Leipzig, Band III, S. 9

[78] Fritz J. Raddatz, *Taubenherz und Geierschnabel – Heinrich Heine, Eine Biographie*, Weinheim und Berlin 1997, S. 22

schaffen kann, und was ihm dann ein solcher Gott „Marke Eigenbau" an „Nutzen" bringt.

Alexander Kluge sagt in einem „SPIEGEL"-Interview: „Es ist menschlich, wenn einer die Frage nach der Wahrheit danach beantwortet, ob sie ihn glücklich macht".[79] Ähnlich menschlich war es offenbar für Heinrich Heine, die Frage nach Gott danach zu beantworten, welcher Gott ihm im Leiden Trost gibt.

Jeder ist von der Gültigkeit und „Wahrheit" seines Glaubens überzeugt, obwohl sein Glauben – das gilt wohl für die Meisten - reiner Zufall ist, abhängig davon, welchem Glauben seine Eltern und die gesellschaftliche Umgebung, in die er hingeboren wurde, anhängen. Wer sich das bewusst macht, sollte Menschen anderen Glaubens gegenüber tolerant sein.

Da ich an die Unsterblichkeit nicht glaube, bemühe ich mich, mein irdisches Leben so bewusst und erfüllt zu leben, wie nur möglich.

Ludwig Feuerbach schreibt dazu: „Vernunft, Liebe, Willenskraft sind *Vollkommenheiten*, sind die *höchsten Kräfte*, sind das *absolute Wesen* des Menschen als Menschen, und der Zweck seines Daseins."[80]

---

[79] „SPIEGELBESTSELLER" Das Kulturmagazin, Winter 2020, S. 6

[80] Ludwig Feuerbach, *Das Wesen des Christentums*, 3. Auflage, Reclams Universalbibliothek Nr. 4571, S. 39

Bertrand Russell (1872 – 1970) argumentiert ganz ähnlich: „Das gute Leben ist von Liebe beseelt und von Wissen geleitet".[81] Ich stimme ihm zu und würde hinzufügen: von Wissen und Vernunft, und eine gute Portion Humor gehört auch noch dazu. Zu diesen beiden von Bertrand Russell für ein gutes Leben so wichtig erachteten Dingen wie Liebe und Wissen steht der Glaube im Widerspruch.

Zum Widerspruch zwischen Liebe und Glauben schreibt Ludwig Feuerbach: „Der Glaube geht notwendig in Haß, der Haß in Verfolgung über, wo die Macht des Glaubens keinen Widerstand findet, sich nicht bricht an einer dem Glauben fremden Macht, an der Macht der Liebe, der Humanität, des Rechtsgefühls".[82] Ein paar Seiten weiter heißt es dann: „Die Liebe kennt kein Gesetz, als sich selbst; sie ist göttlich *durch sich selbst*; sie bedarf nicht der Weihe des Glaubens; sie kann nur *durch sich selbst begründet* werden. Die Liebe, die durch den Glauben gebunden, ist eine *engherzige, falsche*, dem Begriff der Liebe, d.h. *sich selbst widersprechende* Liebe, eine *scheinheilige* Liebe, denn sie birgt den Haß des Glaubens in

---

[81] Bertrand Russel, *Warum ich kein Christ bin – über Religion, Moral und Humanität*, Reinbek bei Hamburg, 1968, S. 64

[82] Ludwig Feuerbach, *Das Wesen des Christentums*, 3. Auflage, Reclams Universalbibliothek Nr. 4571,, S. 386

sich; sie ist nur gut, solange der Glaube nicht verletzt wird.“[83]

Den Widerspruch zwischen Wissen und Glauben macht schon der Spruch „Wer nichts weiß, muss alles glauben“ deutlich. „Der Glaube scheidet: das ist wahr, das falsch. Und sich nur eignet er die Wahrheit zu. Der Glaube hat eine *bestimmte, besondere* Wahrheit, die daher notwendig mit *Verneinung* verbunden ist, zu seinem Inhalte. Der Glaube ist seiner Natur nach *ausschließend. Eines* nur ist Wahrheit.“[84] „Der Glaube *beschränkt, borniert* den Menschen; er nimmt ihm die *Freiheit* und *Fähigkeit*, das *andre*, das von ihm *Unterschiedne* nach Gebühr zu schätzen. Der Glaube ist *in sich selbst befangen*.“[85]

Dies trifft auf alle, besonders auf alle monotheistischen Religionen zu, wobei im Christentum durch die gegen die Glaubensvertreter erkämpfte Aufklärung eine gewisse Abmilderung dieses Gegensatzes eingetreten ist, die Aufklärung gemäß Immanuel Kants Erklärung aus dem Jahre 1784: „Aufklärung ist der Ausgang des Menschen aus seiner selbst verschuldeten Unmündigkeit. Unmündigkeit ist das Unvermögen, sich seines Verstandes ohne Leitung eines andern zu bedienen. Selbst verschuldet ist diese Un-

---

[83] Ludwig Feuerbach, *Das Wesen des Christentums*, 3. Auflage, Reclams Universalbibliothek Nr. 4571, S. 393

[84] ebd., S. 370

[85] ebd., S. 371

mündigkeit, wenn die Ursache derselben nicht am Mangel des Verstandes, sondern der Entschließung und des Mutes liegt, sich seiner ohne Leitung eines andern zu bedienen. Sapere aude! Habe Mut, dich deines eigenen Verstandes zu bedienen! ist also der Wahlspruch der Aufklärung."

Dieser idealen Forderung steht jedoch die negative Realität der in den Religionen jeweils verschieden ausgeprägten Fundamentalismen entgegen. Der Politikwissenschaftler Thomas Meyer beschreibt das Gemeinsame dieser Fundamentalismen - in Anwendung der Kantschen Erklärung in umgekehrter Richtung - wie folgt: „Fundamentalismus ist der selbstverschuldete Ausgang aus den Zumutungen des Selberdenkens, der Eigenverantwortung, der Begründungspflicht, der Unsicherheit und der Offenheit aller Geltungsansprüche, Herrschaftslegitimationen und Lebensformen, denen Denken und Leben durch Aufklärung und Moderne unumkehrbar ausgesetzt sind, in die Sicherheit und Geschlossenheit selbst erkorener absoluter Fundamente. Vor ihnen soll dann wieder alles Fragen haltmachen, damit sie absoluten Halt geben können [...] Wer sich nicht auf ihren Boden stellt, soll keine Rücksicht mehr verdienen für seine Argumente, Zweifel, Interessen und Rechte." (Fundamentalismus – Aufstand, S. 157)[86]

---

[86] zitiert aus: Klaus Kienzler, *Der religiöse Fundamentalismus, Christentum, Judentum*, Islam, München 1996, S. 13/14

Es gibt auch heute noch christliche Fundamentalisten, die moderne Wissenschaft ablehnen und die Bibel Wort für Wort für wahr und unfehlbar halten, wie der einflussreiche amerikanische Erweckungsprediger Jerry Falwell: „Die Bibel ist absolut unfehlbar. Sie ist ohne jeden Fehler, sowohl was die Belange von Glauben und Leben betrifft als auch in allen Bereichen wie Geographie, Naturwissenschaft, Geschichte etc. Der Zerfall unserer sozialen Ordnung ist leicht erklärbar. Denn Männer und Frauen missachten die klaren Anweisungen, die Gott mit Seinem Wort gegeben hat.“[87]

Eine ähnliche Aufforderung zu selbstständigem Denken wie Immanuel Kant in der europäischen Aufklärung hat Ibn Ruschd/Averroës schon im 12. Jahrhundert an seine muslimischen Zeitgenossen gerichtet, was ihm die wütende Gegnerschaft und gefährliche Anfeindungen von Seiten der Orthodoxen im Islam einbrachte.

Bis heute ist der Widerspruch von Glauben und Wissen im Islam weit verbreitet. Der Ägypter Hasan al-Banna, Gründer der Muslimbrüder, prägte in den 1930er Jahren des vergangenen Jahrhunderts den Slogan: „Der Islam ist die Lösung“, der auch heute

---

[87] Jerry Falwell, *Listen America*, New York, 1980, S. 63, zitiert nach Sadik J. Al-Azm, Unbehagen in der Moderne, Frankfurt am Main, 1993, S. 123, der wiederum zitiert nach Nancy Ammerman, *Bible Believers: Fundamentalists in the Modern World*, New Brunswick 1987, S. 1

noch auf islamistischen Versammlungen und Kundgebungen gerufen wird. Wenn auch damals dieser Spruch wie überhaupt die Zielrichtung der Muslimbrüder teilweise politisch in Verteidigung gegen den politischen, wirtschaftlichen und kulturellen Einfluss des Westen verstanden werden konnte, so ist er doch äußerst problematisch, denn er insinuiert, dass das Wissen um den Islam wichtiger und wertvoller ist als moderne Wissenschaft.

Ein pakistanischer Kernphysiker, Pervez Hoodbhoy (Qaid-e-Azam-Universität in Islamabad und Massachusetts Institute of Technology) zitiert einen »wissenschaftlichen« Leitgedanken, der vom Rektor der Islamischen Universität von Pakistan, A. K. Brohi, während der Zeit der Islamisierungspolitik von Ex-Präsident Zia-ul-Haq vorgetragen wurde: „In seiner Rede zeigte Mr. Brohi wenig Sympathie für den »zweifelhaften Beitrag des zeitgenössischen Denkens, wie er sich in den Wissenschaften Physik und Chemie widerspiegelt«. Die Lehrbücher, die heute in den Universitäten verwandt werden, waren dabei das besondere Ziel seines Zorns, weil sie: »auf ihren Seiten die unauslöschlichen Spuren [...] der fremden und areligiösen Denker wie Darwin, Freud und Karl Marx tragen«. Mr. Brohi befand auch die Einsteinsche Relativitätstheorie weder für richtig noch für mit dem Islam vereinbar: »Ich bin der festen Überzeugung, daß Einsteins Blick auf das Bewegungsverhalten der Partikel – bzw. der kleinsten Bestandteile der Materie

– von der islamischen Warte aus gesehen, falsch ist«."[88]

Der Ägypter Shukri Mustafa (1942 – 1978), Anführer der extremistischen islamistischen Gruppe Dschama'at al-Muslimin verkündete, dass jegliches Lernen an die Verherrlichung Gottes geknüpft sein müsse, und die Anhäufung von praktischem Wissen – auch in den religiösen Wissenschaften – sollte nur im Falle einer dringenden Notwendigkeit erfolgen [...] Dasselbe gelte auch für alle anderen Wissenschaften wie Astronomie, Schreiben und Fremdsprachen. Denn man müsse stets der Tatsache eingedenk sein, daß es Gottes Wunsch war, daß »die beste Gemeinde, die für die Menschen entstand« (Koran 3;110) eine ungebildete Nation war, die weder schreiben noch rechnen konnte.[89] Zu dieser Behauptung Shukri Mustafas, dass eine ungebildete Nation Gottes Wunsch gewesen sei, muss ich allerdings anmerken, dass sie eine Erfindung war, die sich durch den Koran nicht belegen lässt.

Auch in den Hadithen, der Überlieferung der Aussprüche und Handlungen Mohammads, ist seine Auf-

---

[88] Sadik J. Al-Azm, Unbehagen in der Moderne, Frankfurt am Main, 1993, S. 121/122, zitiert nach Pervez Hoodbhoy, *Islam and Science, Religious Orthodoxy and the Battle for Rationality*, London 1991, S. 53

[89] ebd., S. 127

forderung an die Muslime zu lesen: „Strebt nach Wissen, und sei es in China." Diese Aufforderung wird von der islamischen Orthodoxie aus Machtgründen geflissentlich unterschlagen. Ein weiterer Spruch aus den Hadithen lautet: „Wer seinen Weg auf der Suche nach dem Wissen nimmt, dem wird Gott die Straße ebnen, die ihn ins Paradies führt."

Der syrische Dichter Adonis, mit bürgerlichem Namen Ali Ahmed Sa'id, ein Freigeist in der Tradition von Abū'l 'Alā al-Ma'arrī, Ibn ar-Rāwandī und Omar Khayyam, geboren 1930 in Qassabin, einem kleinen Dorf in der Nähe der syrischen Hafenstadt Latakiya, jetzt in Paris lebend, beschränkt sich in seiner Kritik nicht auf den Fundamentalismus sondern kritisiert die muslimischen Gesellschaften insgesamt. Er schreibt in einem 1955 erschienenen Essay von der „Religion, die sich heutzutage in erster Linie als 'Gesetz' manifestiert – also in Kategorien von 'erlaubt' und 'verboten' und somit als Zensur - .."[90] und er schreibt weiter von einer „Art der Verknöcherung der Religion zu einer Institution, die jede Veränderung, jeden Fortschritt und jegliches Denken hemmt, indem sie die Freiheit behindert und den Menschen zu einer bloßen Nummer ohne eigene Identität und Rechte macht. Derartig in die Zange genommen zwischen zwei extremen Polen: Wahrheit und Lüge, Glaube und Un-

---

[90] Adonis, *Die Sackgasse der Moderne in der arabischen Gesellschaft*, in *Islam, Demokratie, Moderne, Aktuelle Antworten arabischer Denker*, herausgegeben von Erdmute Heller und Hassouna Mosbahi, München 1998, S. 66

glaube (*kufr*), reduziert sich das Denken auf eine Handvoll absoluter Wahrheiten und einseitiger Vorurteile, die mit jeglicher Art von Pluralismus unvereinbar sind und keinerlei Debatte zulassen."[91]

Etwas weiter schreibt er: „Das schriftlich überlieferte Wissen ist in unserer Realität das einzige Wissen, das in seiner Eigenschaft als 'religiöses Wissen' als 'authentisch' anerkannt wird."[92]

Er bezeichnet dies als „konfiszierte Sprache": „Die solchermaßen konfiszierte Sprache gibt uns zu verstehen, wir sollten uns zufriedengeben mit dem, was sie uns zu lehren hat. Wir sollten nicht fragen, was uns die Sprache der Poesie oder der Wissenschaft, der Physik, der Chemie, der Mathematik und der Elektronik lehrt .."[93]

In einem anderen Essay geht er auf die Wirkung der Offenbarungen ein, wie man es auf alle Religionen beziehen könnte. Er meint dabei jedoch den Islam und das „vorherrschend religiös strukturierte arabische Denken": „Denken bedeutet, die Dinge und ihr Gegenteil zu befragen in der Annahme, daß beides

---

[91] Adonis, *Die Sackgasse der Moderne in der arabischen Gesellschaft*, in *Islam, Demokratie, Moderne, Aktuelle Antworten arabischer Denker*, herausgegeben von Erdmute Heller und Hassouna Mosbahi, München 1998,   S. 67

[92] ebd., S. 68

[93] ebd., S. 69

wahr sein könnte. Die Offenbarung dahingegen ist ein Dekret, das ein für allemal gilt und demzufolge das Wahre und Falsche von vornherein bekannt ist. Jegliches Denken, das sich auf die Offenbarung stützt, ist eine Verweigerung der analytischen Methode und der Innovation. Es ist Predigt und Propaganda."[94]

Über die Entwicklungen in den arabischen Ländern nach dem „Arabischen Frühling" schreibt Adonis in einem Buch, das Gespräche mit der marokkanisch-stämmigen französischen Psychoanalytikerin Houria Abdelouahed wiedergibt: „Was sich im Namen der Revolution in den arabischen Ländern abspielte, ist ein Beweis dafür, dass die große Mehrheit der arabischen Gesellschaften immer noch von Unwissenheit, Analphabetismus und religiösem Obskurantismus beherrscht wird."[95] An anderer Stelle: „Und ab dem Moment, wo nicht um Fortschritt sondern um Macht gekämpft wird, befreien die Revolutionen die Men-

[94] Adonis, *Kultur und Demokratie in der arabischen Gesellschaft*, in *Islam, Demokratie, Moderne, Aktuelle Antworten arabischer Denker*, herausgegeben von Erdmute Heller und Hassouna Mosbahi, München 1998, S.135

[95] Adonis, *Gewalt und Islam, Im Gespräch mit Houria Abdelouahed*, Aus dem Französischen von Chistine und Neil Belakhdar, Bremen 2016, S. 14

schen aus einem Gefängnis, um sie letzten Endes in ein nächstes zu führen."[96]

Im selben Gespräch heißt es weiter: „Dieses Buch entstand aus der Frage heraus, warum wir nicht einen einzigen großen Dichter haben, der als gläubiger Muslim bezeichnet werden kann. Ich kenne keinen einzigen großen Dichter, keinen wirklichen Dogmatiker als Philosophen. Weder Averroes noch Avicenna, noch Rawandi waren Muslime im eigentlichen Sinne."[97] An anderer Stelle erwähnt er in diesem Zusammenhang noch den religionskritischen Dichter al-Ma'arrī.[98]

Über die Diktatur des religiösen Dogmatismus in den arabischen Ländern sagt Adonis: „Die Wahrheit zu sagen, schließt die Gefahr ein, bedroht, verurteilt und verfolgt zu werden. In unseren Ländern riskiert das Individuum sein Leben, sobald es beginnt, über seine Kultur nachzudenken."[99]

Wenn im Islam der Koran als das vollständige und endgültige Buch Gottes angesehen wird und das bei vielen Muslimen, besonders in konservativen und

---

[96] Adonis, *Gewalt und Islam, Im Gespräch mit Houria Abdelouahed*, Aus dem Französischen von Chistine und Neil Belakhdar, Bremen 2016., S. 147

[97] ebd., S. 38

[98] ebd., S. 232

[99] ebd., S. 111

orthodoxen Kreisen dazu führt, den Text des Koran wortwörtlich zu verstehen, führt das zu einer frauen- und wissenschaftsfeindlichen Haltung und fördert Intoleranz und Gewalt gegen Andersdenkende. Dies führt dort, wo diese Haltung verbreitet ist, zu gesell- schaftlichem und kulturellem Stillstand bzw. Rück- schritt.

Es hat im Islam schon immer, besonders unter geisti- gen Eliten, Bewegungen gegeben, die der geistlosen und bildungsfeindlichen Haltung entgegen gewirkt haben, so Anfang des 9. Jahrhunderts die von den Söhnen Harūn ar-Raschīds, den Kalifen al-Amīn (809-813) und besonders unter al-Ma'mūn (813-833) geförderten Mu'tazila – die „Abgesonderten" -, einer Bewegung islamischer Rationalisten, die Glauben und Vernunft in Einklang bringen wollten, die sich in Baghdad im *Bayt al-Hikma*, dem Haus der Weisheit, in hohem Maße eine Kultur schufen, „die das freie, kreative Denken in einem breiten Spektrum verschie- dener Fachgebiete begünstigte".[100]

Schon bald danach, unter den nachfolgenden Kalifen, wurden die Mu'taziliten jedoch unterdrückt und ver- folgt. Mit ähnlichen Zielen, erweitert noch um huma- nistische Anliegen und Toleranz, bildete sich Ende des 9. Jahrhunderts die Gemeinschaft der Qarmaten (al-Qarāmiṭa) mit geografischen Schwerpunkten im

---

[100] Jim Al-Khalili, *Im Haus der Weisheit, Die arabischen Wissenschaften als Fundament unserer Kultur*, Frankfurt am Main 2011, S. 123

südlichen Irak und der Insel Bahrain. Nach der Unterdrückung dieser Gemeinschaft durch die abbasidischen Kalifen ging daraus die geheime Bruderschaft der *Ikhwān as-safā'*, der „Lauteren Brüder" oder „Brüder der Reinheit" im 10. und 11. Jahrhundert hervor.

Diese Bruderschaft verfasste 52 Abhandlungen oder *Rasā'il* (Singular: *Risāla* = Botschaft, Sendschreiben), über verschiedene Gebiete der Bildung und der Wissenschaft. In der neunten *Risāla, über Ethik und Moral* liest man z.B. „Nach Iḫwān as-safā' haben Menschen, die nicht nach Wissen und Erkenntnis streben, keine Zukunft, weder im Dies-, noch im Jenseits. Sie verbleiben in Finsternis und gehen zugrunde; sie zerstören sich selbst."[101]

Eine sehr aufschlussreiche Risāla ist die 45., *Über das Zusammenleben der Iḫwān as-safā', ihre Zusammenarbeit, ihre aufrechte Anteilnahme und Freundlichkeit zueinander in Sachen der Religion und der Welt.* In ihr steht u.a.: „Insgesamt dürfen unsere Brüder kein Werk außer Acht lassen, keine Wissenschaft ignorieren, kein Buch vernachlässigen und sich nicht für eine Weltanschauung fanatisch einsetzen. Unsere Sichtweise, Weltanschauung ist fähig, alle Weltanschauungen aufzunehmen und wir

---

[101] Detlev Quintern / Kamal Ramahi, *Qarmaten und Iḫwān as-safā', Gerechtigkeitsbewegungen unter den Abbāsiden und die Universalistische Geschichtstheorie*, Hamburg 2006, S. 307

sind fähig, alle Wissenschaften ineinander zu inte-
grieren. Unsere Aufgabe ist die umfassende Betrachtung alles Existierenden, sei es sinnlicher oder geistiger Natur. Von ihren Anfängen bis zu ihrer gegen-
wärtigen Entwicklung, ihre äußeren und inneren
Strukturen, was wir von diesen verstanden und was
wir nicht verstanden haben."[102]

Unter den Erklärungen zur 51. *Risāla, Weltbild*, ist zu
lesen: „Alle Prozesse des Lebens werden auf eine
fortwährende Evolution zurückgeführt und histori-
siert. Kette, Reihenfolge und Zusammenhänge des
Lebens, das sich von einfachsten zu komplexesten
Formen fortbildet, werden deutlich herausgearbeitet.
Ikhwān as-safā' belegen eindrucksvoll, dass sie die
Begründer der Evolutionstheorie und Anthropologie
in humanistischem Sinne sind."[103]

Es gab also in einer kleinen geistigen Elite der Araber
schon 800 bis 900 Jahre vor Darwin die Evolutionstheorie. Sie hatten auch erkannt, dass der Mensch aus
der höchstentwickelten Stufe der Tiere hervorgegan-

---

[102] ebd., S. 334/335

[103] Detlev Quintern / Kamal Ramahi, *Qarmaten und Iḥwān
as-safā', Gerechtigkeitsbewegungen unter den Abbāsiden
und die Universalistische Geschichtstheorie*, Hamburg
2006, S. 346

gen ist [17. Risāla: Werden und Vergehen, Universum und Verwesung (Entelechie)].[104]

Auch in der heutigen Zeit, in der jeden Tag über Salafismus, Islamismus und den IS-Terror berichtet wird, gibt es natürlich ähnliche Bewegungen und Personen, wie der in der Öffentlichkeit wenig bekannte, sich für freies Denken einsetzende Ibn Ruschd Fund e.V., die von der mutigen und vielfach angefeindeten Rechtsanwältin Seyran Ateş gegründete Ibn-Ruschd-Goethe-Moschee in Berlin, der Liberal-Islamische Bund, in dem überwiegend liberal denkende Muslimas wie Hilal Sezgin, Lamya Kaddor und andere aktiv sind, oder religionskritische bzw. liberale muslimische Schriftsteller, wie Hamed Abdelsamad oder der syrisch-französische Dichter Adonis. Es wäre sehr zu wünschen, dass diese mutigen Vertreter eines aufgeklärten Islam sich stärker durchsetzen könnten und ihr Denken und ihre Richtung nach und nach auch in den muslimischen Gemeinden tonangebend würden.

Das gleiche Phänomen der Wissenschaftsfeindlichkeit gibt es im Judentum bei den ultraorthodoxen Juden. Wegen der kleineren Zahl im Vergleich zu Christen und Muslimen ist es nur von regionaler Bedeutung, z.B. im Viertel Mea Shearim in Jerusalem,

---

[104] Detlev Quintern / Kamal Ramahi, *Qarmaten und Iḫwān as-safā', Gerechtigkeitsbewegungen unter den Abbāsiden und die Universalistische Geschichtstheorie*, Hamburg 2006, S. 312

in einigen jüdischen Siedlungen auf der besetzten West Bank von Palästina, besonders in Hebron, aber auch in Antwerpen und in mehrheitlich von ultraorthodoxen Juden bewohnten Vierteln New Yorks. Sie lehnen säkulares Wissen und seinen Erwerb ab und widmen sich fast ausschließlich dem Studium religiöser Schriften.

Die amerikanische Jüdin Deborah Feldman, jetzt in Berlin lebend, schildert in sehr anschaulicher Weise in „Unorthodox"[105], einer autobiographischen Erzählung, wie sie in einer solchen Umgebung aufwuchs, in absoluter Unterwerfung unter die aufs Äußerste einengenden Regeln dieser Gemeinschaft, in der auch die Lektüre streng kontrolliert wurde und nur auf religiöse und religiös „erbauende" Bücher beschränkt war. Da sie wissbegierig und lesehungrig war, besuchte sie heimlich öffentliche Bibliotheken, um dort auch andere Literatur zu lesen. Die Schilderung, wie sie sich als junge Frau aus dieser Unterdrückung befreite, ist sehr lesenswert.

Wie Kinder und Jugendliche so unter extremem Zwang aufwachsen, ist ein Verbrechen, durch das sie um ihre Zukunfts- und Lebensmöglichkeiten betrogen werden. Vermutlich hat Gibran Khalil Gibran in Anschauung ähnlicher Beispiele in anderer Umgebung in seinem Buch „*Der Prophet*" den Propheten über die Kinder sagen lassen:

---

[105] Deborah Feldman, *Unorthodox*, Übersetzung von Christian Ruzicska, btb Verlag, München

„Eure Kinder sind nicht eure Kinder.

Sie sind die Söhne und Töchter der Sehnsucht des Lebens nach sich selber.

Sie kommen durch euch, aber nicht von euch,

Und obwohl sie mit euch sind, gehören sie euch doch nicht.

Ihr dürft ihnen eure Liebe geben, aber nicht eure Gedanken,

Denn sie haben ihre eigenen Gedanken.

Ihr dürft ihren Körpern ein Haus geben, aber nicht ihren Seelen.

Denn sie wohnen im Haus von morgen, das ihr nicht besuchen könnt,

nicht einmal in euren Träumen. ....“[106]

Mein Großvater mütterlicherseits, an den ich mich mit viel Liebe erinnere, hat mir einen Spruch mitgegeben, der mir ein Lebensmotto geworden ist: „Prüfet alles und das Gute behaltet!“[107] Es ist zwar ein Bibelspruch, aber einer der dazu angetan ist, den Geist zu öffnen und nicht ihn einzuengen und zu beschränken.

Ich betone allerdings ausdrücklich, dass die oben beschriebenen Fundamentalisten mit ihren extremen, den Erwerb säkularen Wissens behindernden Anschauungen, in allen Religionen eine Minderheit sind, allerdings eine durchaus gefährliche.

---

[106] Khalil Gibran, Der Prophet, Walter Verlag Olten und Freiburg im Breisgau, 23. Auflage, 1988, S. 16/17

[107] NT, Thess. 5:21

Zudem ist noch zu unterscheiden zwischen religiösem Fundamentalismus und politischem unter religiösem Deckmantel. Der Letztere hat ein pragmatischeres Verhältnis zur modernen Wissenschaft und ist durchaus bereit, auf ihr basierende Technik für seine Zwecke einzusetzen. Der Politikwissenschaftler Bassam Tibi spricht in seinen Arbeiten „von einem fundamentalistischen »Traum von der *halben Moderne*«: Die Moderne wird aufgeteilt in ein abzulehnendes kulturelles Projekt und in zu übernehmende, willkommene Instrumente der Wissenschaft und der Technik."[108]

Für moderne demokratische und pluralistische Gesellschaften sind natürlich beide Fundamentalismen gefährlich, gleichviel ob religiös oder nur unter religiösem Deckmantel. Der Letztere ist wahrscheinlich der Gefährlichere, u.a. auch weil er besonders Jugendliche anspricht, die sich ausgegrenzt fühlen oder in ihrer jeweiligen Lebenssituation keine positiven Perspektiven sehen.

Völlig unverständlich, unlogisch und inkonsequent für mich fordert gerade Nietzsche das Streben nach Gewissheit. In „Die fröhliche Wissenschaft" schreibt er: „ *Was ist mir aber Gutherzigkeit, Feinheit und Genie, wenn der Mensch dieser Tugenden schlaffe Gefühle im Glauben und Urtheilen bei sich duldet, wenn das Verlangen nach Gewissheit ihm nicht als*

---

[108] Bassam Tibi, *Der religiöse Fundamentalismus im Übergang zum 21. Jahrhundert*, Mannheim 1995

die innerste Begierde und tiefste Noth gilt, - als Das,
was die höheren Menschen von den niederen schei-
det!"[109] Wer hätte besser wissen können und sollen
als dieser große Skeptiker, dass das Leben aus Un-
wägbarkeiten und Zufällen besteht, und dass Gewiss-
heiten, wenn es überhaupt welche gibt, nur Banalitä-
ten sein können. Wissen und Erkenntnis erscheinen mir höchst erstrebenswert, auch wenn ich
weiß, dass darin möglicherweise enthaltene „Gewiss-
heiten" nur scheinbare sind. Selbst „die neuesten
wissenschaftlichen Erkenntnisse" gelten nur so lange,
bis noch neuere sie überholt und obsolet gemacht
haben. Wer Gewissheit sucht, ist unsicher und sehnt
sich nach Sicherheit.

---

[109] Friedrich Nietzsche, *Morgenröte – Idyllen aus Messina -*
Die fröhliche Wissenschaft, Kritische Studienausgabe (KSA
3), München 1999, S. 373

Religion und Moral

Die Religionen erheben den Anspruch, dass es ohne sie keine Moral gäbe.

Schon der athenische Politiker und Philosoph Kritias (460 – 403 v.Chr.) erklärte, die Religion sei eine menschliche Erfindung, um die Menschen durch Furcht zu moralischem Verhalten zu veranlassen: »Als zwar die Gesetze sie [die Menschen, Anm. d. Verf.] hinderten, offen Gewalttaten zu begehen, sie aber im Verborgenen *solche* begingen, da, scheint mir, hat (zuerst) ein schlauer und gedankenkluger Mann die (Götter)furcht den Sterblichen erfunden, auf daß ein Schreckmittel da sei für die Schlechten, auch wenn sie im Verborgenen etwas täten oder sprächen oder dächten. Von dieser *Überlegung* also aus führte er das Überirdische ein.«[110]

Es ist hinlänglich bekannt, dass im Namen der Religion unfassbare Verbrechen begangen werden. Das Wort Kreuzzüge klingt ganz harmlos so, als ob es sich um Pilgerreisen handele. Im Arabischen heißen sie realitätsnäher „Kreuzkriege" (الحروب الصليبية = Al-Ḥurūb as-Ṣalībīyah). Sie haben vom Ende des 11. bis ins 13. Jahrhundert zigtausend Tote, Verwundete und Vertriebene als Opfer gehabt. Die orientalischen Christen, die vorher in Frieden und Eintracht mit den

---

[110] Hermann Diels, *Die Fragmente der Vorsokratiker*, herausgegeben von Walther Kranz, 10. Auflage, 2. Band, Zürich 1960, S. 387

Muslimen gelebt hatten und ihre Religion frei ausüben konnten, wurden durch die Invasion der „Franken", wie die Araber die Europäer pauschal nannten, hinterher der Kollaboration mit den Invasoren verdächtigt, obwohl sie mit denen nichts gemein hatten und mussten in einigen Gegenden zeitweise große Nachteile bis hin zur Verfolgung erdulden.

Die Inquisition, die sich in ganz Europa über mehrere Jahrhunderte hinzog, forderte hunderttausende an Opfern durch Folter und Verbrennung auf dem Scheiterhaufen. Angebliche Ketzer, Glaubensabtrünnige und der Hexerei bezichtigte Männer und Frauen fanden den Tod.

Judenverfolgung in Europa kam im Mittelalter häufig unter den fadenscheinigsten Anschuldigungen vor, und Pogrome gegen Juden in Osteuropa waren bis in die Neuzeit zu verzeichnen. Die Ermordung von sechs Millionen Juden in der Nazizeit wurde zwar nicht religiös sondern rassistisch begründet, erfolgte aber nur aus dem einen Grund: sie waren Juden. Der Antisemitismus hat seine Wurzeln im Mittelalter, und es gibt ihn bis heute.

Bei den Muslimen ist es gerade die Neuzeit bis in die Gegenwart, in der die Welt große religiös begründete Verbrechen durch Terror- und Selbstmordanschläge erlebt. Der sogenannte „Islamische Staat" (IS) hat im Irak und in Syrien schon zigtausend Opfer gefordert und mordet immer noch weiter. Allein 5000 Jesiden sind getötet und 7000 jesidische Frauen sind verschleppt, versklavt und vergewaltigt worden.

Die religiös begründeten staatlichen Verfolgungen im sogenannten „Gottesstaat" Iran, im Königreich Saudi-Arabien, die Verbrechen der Taliban in Afghanistan und Pakistan sind weitere Beispiele.

Ein besonders abstoßendes Beispiel verbrecherischen Missbrauchs von Religion ist der Einsatz von Kindersoldaten als Minenräumer im Ersten Golfkrieg zwischen dem Irak und dem Iran von 1980 bis 1988. Diese iranischen Kindersoldaten mussten vor den regulären Truppen als Minenräumer über das Kampfgebiet gehen. Die iranische Regierung hatte eine halbe Million Plastikschlüssel aus Taiwan importiert, und die Plastikschlüssel wurden den Kindern um den Hals gehängt, damit sie damit die Pforte zum Paradies aufschließen könnten.

Die völkerrechtswidrige Besetzung von Teilen des Westjordanlandes durch jüdische Siedler ist Landraub zu Lasten der palästinensischen Bevölkerung, wird überwiegend religiös begründet und gehört in die Reihe religiöser Verbrechen.

Selbst der Buddhismus, der weithin als sanfte und tolerante Religion gilt, ist nicht frei von Verbrechen, die von Buddhisten in seinem Namen verübt werden. In einem ganzseitigen Artikel in der *ZEIT* beschreibt der Journalist Erich Follath diese Verbrechen und berichtet über ein Gespräch mit dem Abt eines großen Klosters in Myanmar (früher Burma), Ashin Wirathu. Dieser Mönch wurde im amerikanischen Time Magazine als »das Gesicht des buddhistischen Terrors« bezeichnet. Mehr als 650.000 muslimische Rohingya sind seit dem Sommer des Jahres 2017 aus Myanmar geflüchtet, weil ihre Dörfer niedergebrannt wurden, sie aus ihren Dörfern vertrieben wurden, und dabei – nach Angaben von Ärzte ohne Grenzen – mehr als 10000 dieser Menschen, unter ihnen Kinder, Frauen und Alte, ums Leben gekommen sind. Buddhistische Mönche waren, unter hetzerischer Anstachelung durch den Abt Ashin Wirathu, immer wieder an diesen Pogromen beteiligt. Die Vereinten Nationen haben diese Vorgänge als »klaren Fall von ethnischer Säuberung« verurteilt und als »Verbrechen gegen die Menschlichkeit« bezeichnet.

Der Abt rechtfertigt all dies. „Wirathu sieht den Buddhismus in Myanmar gefährdet, er fürchtet Überfremdung und Unterwanderung durch Muslime, die so viele Kinder produzierten und die »reine« Nation zu überwältigen drohten," und das bei 90 Prozent Buddhisten und einem Bevölkerungsanteil von nur knapp fünf Prozent Muslimen (vor der Vertreibung) in einem 60-Millionen-Staat.[111] In dieser Argumentation ist eine Parallele zu PEGIDA und AfD in Deutschland nicht zu übersehen.

Bertrand Russell schreibt zum Thema Moral und Religion: „Die meisten Religionen haben [....] noch besondere ethische Grundsätze, die besonderen Schaden anrichten: Wenn sich die katholische Verurteilung der Geburtenkontrolle allgemein durchsetzen

---

[111] „DIE ZEIT" Nr. 9, 22. Februar 2018, Seite 8, Erich Follath, „Dieser Mann ist ein Hetzer"

könnte, würde das die Linderung von Armut und die Abschaffung von Kriegen unmöglich machen. Der Glaube der Hindus, die Kuh sei ein heiliges Tier und es sei verwerflich, wenn eine Witwe wieder heirate, verursacht ganz unnötiges Leiden. Der kommunistische Glaube an die Diktatur einer Minderheit wahrer Anhänger hat zu einer ganzen Reihe von Abscheulichkeiten geführt."[112]

Das Schreiben dieser Beispiele macht mir keine Freude und bringt keine Befriedigung, aber es sind nun mal historisch belegte Tatsachen, die zeigen, dass Moral mit Religion nichts zu tun hat.

Natürlich lernen Juden und Christen die zehn Gebote. Soweit es darin um das Verhältnis des Einzelnen zu seinen Mitmenschen geht – vom 4. bis zum 10. Gebot für Katholiken und Lutheraner - , sind es Regeln, die man nicht religiös begründen muss. Ludwig Feuerbach schreibt dazu: „Die moralischen Gebote werden wohl gehalten, aber dadurch schon der innern Gesinnung, dem Herzen entfremdet, daß sie als Gebote eines äußerlichen Gesetzgebers vorgestellt werden, daß sie in die Kategorie willkürlicher, polizeilicher Gebote treten. Was getan wird, geschieht nicht, weil es gut und recht ist, so zu handeln, sondern weil es von Gott *befohlen* ist. Der Inhalt *an sich selbst* ist gleichgültig; was nur immer Gott befiehlt, ist

---

[112] Bertrand Russell, Warum ich kein Christ bin – über Religion, Moral und Humanität, Rowohlt Taschenbuch Verlag, Reinbek bei Hamburg, 1968, S. 14

recht."[113] An anderer Stelle schreibt er: „der Glaube an Gott, als die notwendige Bedingung der Tugend, ist der Glaube an die *Nichtigkeit* der Tugend *für sich selbst*."[114]

Für moralisches Handeln reicht die sprichwörtliche Regel „was du nicht willst, dass man dir tu, das füg auch keinem andern zu." Der „Kategorische Imperativ" Immanuel Kants besagt das Gleiche in gehobener philosophischer Sprache: „Handle nur nach derjenigen Maxime, durch die du zugleich wollen kannst, dass sie ein allgemeines Gesetz werde."

Oder in seiner „Kritik der reinen praktischen Vernunft" formuliert er es im § 7 des Grundgesetzes der reinen praktischen Vernunft ähnlich: „Handle so, dass die Maxime deines Willens jederzeit zugleich als Prinzip einer allgemeinen Gesetzgebung gelten könne."

Die Priester aller monotheistischen Religionen, ob sie sich Rabbiner, Pfarrer, Pastor, Imam oder Mullah nennen, machen Gott, wenn sie ihre Schäfchen zu „gottgefälligem Verhalten" ermahnen, ihnen Paradies oder Hölle im Jenseits vor Augen halten, zum Ehrenvorsitzenden eines Vereins zur Förderung von Tugend und Moral und würdigen ihn damit herab. We-

---

[113] Ludwig Feuerbach, Das Wesen des Christentums, 3. Auflage, Reclams Universalbibliothek Nr. 4571, S. 317

[114] Ludwig Feuerbach, Das Wesen des Christentums, 3. Auflage, Reclams Universalbibliothek Nr. 4571, S. 308

der will ich ein Schäfchen dieser „Hirten" sein, noch brauche ich Gott als Belohnenden oder Strafenden im Jenseits.

Teilansicht des Kant-Denkmals auf dem Kantplatz in Darmstadt

Ich bemühe mich um moralisches Verhalten um meiner selbst willen.

So hat auch Abū'l 'Alā al-Ma'arrī die These vertreten, dass die Vernunft einen moralischen Leitfaden biete und Tugend Belohnung in sich selbst sei.

Schon vor ihm hatte der muslimische Philosoph Al-Fārābī festgestellt, dass Moral nicht an Religion gebunden sei.

Der persische Dichter Omar Khayyam schrieb in einem seiner berühmten Vierzeiler:

100.

In Kirchen und Moscheen und Synagogen

Wird man um seiner Seele Ruh' betrogen.

Doch dem, der der Natur Geheimnis ahnt

Wird keine Angst vorm Jenseits vorgelogen.[115]

In den ersten beiden Versen greift er die Drohung mit Hölle und Fegefeuer im Jenseits an, und in den letzten beiden Versen könnte man meinen, dass eine Idee von Pantheismus anklingt, wie sie vier Jahrhunderte später in Europa von Spinoza vertreten wird.

Der Perser Omar Khayyam (geboren wahrscheinlich 1048, gestorben 1123)[116] war ein Universalgenie. Er war Mathematiker, Astronom, Arzt, Physiker mit Arbeiten zur Mechanik, Philosoph und Dichter. Als Kalenderwissenschaftler hat er den persischen Kalender errechnet, der bis heute gilt und der genauer ist als unser gregorianischer Kalender. Er schrieb auf Persisch und auf Arabisch. Er kannte die Werke von Abu'l 'Alā al-Ma'arrī, dem er sowohl in seiner Hal-

---

[115] Die Sinnsprüche Omars des Zeltmachers, Rubaijat-i-Omar-i-Khajjam. aus dem Persischen übertragen von Friedrich Rosen, III. Auflage, Deutsche Verlagsanstalt 1919, S. 75

[116] EI, Vol. 10, S. 882

tung zur Religion wie in seinem Skeptizismus ähnelte.[117] Mit seinen religionskritischen Vierzeilern würde er unter dem jetzigen Mullah-Regime im Teheraner Evin-Gefängnis landen und dort gefoltert werden. Dennoch wagen es die Mullahs angesichts seiner auch heute noch großen Popularität nicht, eine große nach ihm benannte Straße in Teheran umzubenennen. Es ist für sie natürlich auch leicht zu behaupten, er würde als Wissenschaftler gewürdigt und nicht als Dichter. Seine Gedichte erscheinen in neuen Editionen auch heute noch, natürlich „gereinigt" von den religionskritischen. Die Vielzahl der Vierzeiler, in denen er dem Genuss des Weines huldigt, dürfen veröffentlicht werden, wofür die Mullahs die an Realsatire erinnernde, heuchlerische Erklärung haben, der Wein stünde metaphorisch für Geist und Weisheit. Von einem Iraner erfuhr ich, dass sie dabei so weit gehen, zu erklären, was sich in einem Fass befände, sei Geist und Weisheit, da ja auch der große griechische Philosoph Diogenes in einem Fass oder einer Tonne gelebt habe.

Auch Bertrand Russell schreibt über die Angst als Grundlage der Religion. „Die Religion stützt sich vor allem und hauptsächlich auf die Angst. Teils ist es die Angst vor dem Unbekannten und teils, wie ich schon sagte, der Wunsch zu fühlen, daß man eine Art großen Bruder hat, der einem in allen Schwierigkeiten und Kämpfen beisteht." Und weiter: „Die Angst ist die Mutter der Grausamkeit, und es ist deshalb kein

---

[117] EI, Vol. 10, S. 882 – 889.

Wunder, daß Grausamkeit und Religion Hand in Hand gehen, weil beide der Angst entspringen."[118]

Er schreibt noch weiter: „Die ganze Vorstellung von Gott stammt von den alten orientalischen Gewaltherrschaften. Es ist eine Vorstellung, die freier Menschen unwürdig ist."[119]

Ganz ähnlich sagte es acht Jahrhunderte vorher auch Omar Khayyam:

Kaaba und Götzenhaus bedeuten Knechtung,

Der Christen Glocken, hört, sie läuten Knechtung.

Kirche und heil'ge Schnur und Rosenkranz und

Kreuz,

Wahrlich, sie alle nur bedeuten Knechtung.[120]

„Es ist amüsant, einen modernen Christen erzählen zu hören, wie mild und vernünftig das Christentum in Wahrheit sei, und dabei die Tatsache außer acht lassen, daß dessen ganze Milde und Vernunft auf die Lehre von Männern zurückgeht, die zu ihrer Zeit von

---

[118] Bertrand Russell, Warum ich kein Christ bin – über Religion, Moral und Humanität, Rowohlt Taschenbuch Verlag, Reinbek bei Hamburg, 1968, S. 33

[119] ebd., S. 34

[120] Die Sinnsprüche Omars des Zeltmachers, Rubaijat-i-Omar-i-Khajjam. aus dem Persischen übertragen von Friedrich Rosen, III. Auflage, Deutsche Verlagsanstalt 1919, S. 77

allen strenggläubigen Christen verfolgt wurden. Heute glaubt niemand, daß die Welt im Jahre 4004 v. Chr. erschaffen wurde, aber vor noch nicht allzu langer Zeit hielt man es für ein abscheuliches Verbrechen, daran zu zweifeln."[121]

Auch das heuchlerische Element religiöser Moral sollte nicht vergessen werden. Bertrand Russell beschreibt das an einem Beispiel zweier Männer wie folgt: „Der eine hat in irgendeinem großen tropischen Gebiet die Malaria ausgerottet, hat aber im Laufe seiner Arbeiten ab und zu Beziehungen zu Frauen gehabt, mit denen er nicht verheiratet war. Der andere hingegen war faul und träge, zeugte jedes Jahr ein Kind, bis seine Frau vor Erschöpfung starb, und kümmerte sich um seine Kinder so wenig, daß die Hälfte davon an vermeidbaren Ursachen starb; er hatte aber niemals außereheliche Beziehungen. Jeder gute Christ muß behaupten, daß der zweite dieser Männer tugendhafter sei als der erste. Natürlich ist eine solche Einstellung abergläubisch und widerspricht jeder Vernunft, und doch ist eine solche Absurdität unausweichlich, solange es für wichtiger gehalten wird, Sünden zu meiden, als sich positive Verdienste zu erwerben, und solange die Bedeutung des Wissens als Mittel, ein nützliches Leben zu führen, nicht anerkannt wird."[122]

---

[121] Bertrand Russell, Warum ich kein Christ bin, S. 46

[122] Bertrand Russell, Warum ich kein Christ bin, S. 54

Ähnlich wie im letzten Absatz Bertrand Russell argumentiert der 1995 aus seinem Heimatland vor Verfolgung in die Niederlande geflohene Ägypter Nasr Hamid Abu Zaid. Er schreibt mit Bezug auf den Aufklärungsdiskurs zu drei Prinzipien im Werk des großen arabischen Historikers und Gelehrten Ibn Khaldun (1332-1406). „Das dritte und wichtigste Prinzip aus unserer Sicht ist, daß diese Veränderungen einige Laster mit sich bringen. Diese Laster sollten uns jedoch nicht verleiten, uns den fortschrittlichen Ideen des Siegers zu widersetzen und der Gesellschaft damit die positiven Seiten dieser Entwicklung vorzuenthalten.

An diesem dritten Prinzip wird deutlich, daß der Aufklärungsdiskurs einen wesentlichen Teil des alten wie des neuen religiösen Diskurses ablehnt, nämlich das Prinzip, wonach die »Vermeidung der Laster vor der Betrachtung der Vorteile« kommt. Der Diskurs der Aufklärung widersetzt sich diesem Prinzip, indem er betont, daß die Beseitigung der Laster und die Auseinandersetzung mit ihnen die Lösung sind, und nicht etwa die Verhinderung eines Veränderungsprozesses, der für die Gesellschaft wie für die Individuen von Interesse ist. Die Lösung, die der Aufklärungsdiskurs für den Umgang mit den Begleiterscheinungen dieser Entwicklung anbietet, ist Erziehung und Ausbildung, welche die Frau, aber auch den Mann, schützen sollen."[123]

Omar Khayyam kritisiert kurz und in lyrischer Verdichtung Knechtung und Angstmache der Religion. Ich selbst, zwar evangelisch getauft und konfirmiert, bin ansonsten weitgehend religionsfrei aufgewachsen und habe Knechtung nie erlebt, musste mich daher auch nicht aus ihr befreien. Ich konnte mich gedanklich nach und nach ohne äußere und innere Konflikte von der Religion lösen und bin vor über vierzig Jahren aus der Kirche ausgetreten.

Wie die Knechtung wirkt, und welcher Kämpfe es bedarf, sich zu befreien, hat der irische Dichter James Joyce (1882 – 1941) sehr ausführlich und eindringlich in seinem autobiografischen Roman *Ein Porträt des Künstlers als junger Mann* beschrieben. Sein Romanheld Stephen Dedalus kommt als Vierzehnjähriger während einer Stadtwanderung zu einer Prostituierten und wird von dieser in die Sexualität eingeführt.[124]

---

[123] Nasr Hamid Abu Zaid, *Die Frauenfrage zwischen Fundamentalismus und Aufklärung*, herausgegeben von Erdmute Heller und Hassouna Mosbahi, München 1998, S. 200

[124] James Joyce, *Ein Porträt des Künstlers als junger Mann*, übersetzt von Klaus Reichert, Süddeutsche Zeitung | Bibliothek, München 2004, S. 111

Bei den bald darauf in seiner Schule folgenden Exerzitien predigte Pater Arnall von den im Katechismus erwähnten vier letzten Dingen, nämlich Tod, Gericht, Hölle und Himmel, und »*dass wir nur aus einem einzigen Grund in die Welt geschickt worden sind: Gottes heiligen Willen zu tun und unsere unsterblichen Seelen zu erretten*«[125]. Die seelischen Folgen für Stephen Dedalus waren verheerend: »*Der nächste Tag brachte Tod und Gericht und störte langsam seine Seele aus ihrer teilnahmslosen Verzweiflung auf. Der schwache Angstschimmer wurde zu geistlichem Terror, als die heisere Stimme des Predigers in seine Seele blies. Er durchlitt ihre Agonie.*«[126]

In darauf folgenden Exerzitien wurden die ewigen Höllenqualen in allen grausigen Einzelheiten geschildert, die den Sünder nach Gottes Urteil erwarten, und dies wurde für den Schüler Stephen Dedalus zu einer wochenlangen Seelenfolter.[127]

All das, was in Joyces Roman dem Stephen Dedalus an geistigem Terror widerfährt, entspricht genau dem, was Joyce selbst erlebt hat und daher so glaubwürdig

---

[125] James Joyce, *Ein Porträt des Künstlers als junger Mann*, übersetzt von Klaus Reichert, Süddeutsche Zeitung | Bibliothek, München 2004, S. 122

[126] ebd., S. 124

[127] ebd., S. 142ff

beschreiben kann.[128] Nachdem Joyce sich einige Zeit besonderer Frömmigkeit befleißigt, tritt sogar der Schulleiter mit der Frage an ihn heran, ob er nicht Priester werden wolle, was er dann aber ablehnt.[129]

Er entfernt sich mehr und mehr vom Glauben, und einige Jahre später wird Henrik Ibsen für ihn *»zum Lehrmeister bei seinem Aufbegehren gegen alle Konvention und Verstellung.«* Er schreibt 1901 an Ibsen und »schildert rückblickend, wie er „das, was ich dunkel von Ihrem Leben erahnte, mit Stolz betrachtete, wie Ihre Kämpfe mich inspirierten – nicht die äußeren, konkreten Kämpfe, sondern jene, die hinter der Stirn ausgetragen und gewonnen wurden, wie Ihr willentlicher Entschluß, dem Leben sein Geheimnis zu entringen, mir Mut machte, und wie Sie in völliger Gleichgültigkeit gegen kanonisierte öffentliche Maßstäbe der Kunst, gegen Freunde und Schibboleths Ihren Weg im Licht Ihres inneren Heroismus gingen."«[130]

Im Jahre 1904 lernt Joyce seine Lebensgefährtin und spätere Ehefrau Nora Barnacle kennen, der er in einem seiner Briefe schreibt: »*Mein Denken lehnt die ganze gegenwärtige soziale Ordnung und das Christentum ab – das Elternhaus, die anerkannten Tugen-*

---

[128] Friedhelm Rathjen, *James Joyce*, Reinbek bei Hamburg, 2004, S. 17

[129] ebd., S. 18

[130] ebd., S. 20

den, *Klassenunterschiede und religiösen Doktrinen.*
[...] Vor sechs Jahren trat ich aus der Katholischen
Kirche aus, die ich glühend haßte.«[131]

Als James Joyce 1941 in Zürich starb, bot ein katholischer Priester seiner Frau eine katholische Begräbnismesse für ihn an. Nora Barnacle lehnte dies jedoch mit der Begründung ab, das könne sie ihrem Mann nicht antun.

In dem von mir schon im Vorwort erwähnten Roman „*Zwei Sommer*" von Louis Bromfield lässt der Autor den Protagonisten Ronnie in einer späteren Erinnerung sagen: „Mein Großvater war kein eifriger Kirchgänger und hegte insgeheim sogar eine gewisse Verachtung für die kirchliche Hierarchie und ihre Auslegung des Gottesglaubens. Er war ein tief religiös veranlagter Mensch, aber seine Religiosität hatte nichts mit Kirchen und Priestern zu schaffen. Und doch habe ich nie einen gütigeren und verantwortungsbewußteren Bürger getroffen. Seine Moral beruhte auf einer starken Ethik und nicht auf starrem kirchlichen Dogma. Er lebte nach einem so einfachen wie allumfassenden Gesetz – daß man niemals wissentlich etwas tun durfte, was einem anderen Menschen zum Schaden gereichen könne oder was die Sicherheit der menschlichen Gesellschaft beeinträchtige, erschüttere oder schädige. Das war sein Credo. Seine religiöse Überzeugung basierte, ähnlich derjenigen der Mystiker und Philosophen des achtzehnten

---

[131] ebd., S. 32/33.

Jahrhunderts, auf einem tiefen und echten Gefühl und fand in seinem Augen ihre Bestätigung in der Natur selbst. Ich habe damals gedacht, daß für Großvater sogar die Bäume Seelen hatten. Und an den Seelen der Rehe und Vögel und aller anderen Tiere zweifelte er sicher nie. Einmal hörte ich ihn zu Tante Susan in ziemlich ungeduldigem Ton sagen:

„Natürlich haben Kirchen eine gewisse Daseinsberechtigung. Sie sind für diejenigen unerläßlich, die ängstlich und unwissend sind – und das ist der überwiegende Teil der Menschen. Die Kirche hält Zucht und Ordnung aufrecht. Ohne ihre Organisation und die fest umschriebenen Religionsgesetze herrschte das Chaos, denn die meisten Menschen haben die Reife nicht erreicht, die es dem Individuum ermöglicht, kraft seiner Intelligenz und seines persönlichen Mutes das Universum als das hinzunehmen, was es ist – und was mir noch viel wichtiger scheint, sich daran zu freuen und sich auch ohne drohende Strafe einer sittlichen Verantwortung dem Ganzen gegenüber bewußt zu bleiben.“[132]

Die letzten Sätze entspringen sicher einem gewissen Hochmut. Dennoch bin ich weitgehend der gleichen Meinung, wohl wissend und widerwillig akzeptierend, dass ich mich damit des gleichen Hochmuts schuldig mache.

---

[132] Louis Bromfield, *Zwei Sommer*, Gütersloh 1960, S. 203 und 204

Mein Großvater war ein einfacher Mann – ohne jeden Hochmut - , kein früherer Richter, Senator und Gesandter, wie der Großvater in Bromfields Roman. Doch auch er hatte Bildung, und vor allem Herzensbildung, und eine ähnliche Beziehung und Einstellung zur Religion. Ich habe ihn nie zum Gottesdienst in eine Kirche gehen sehen. Er hat mir nie Vorgaben gemacht oder auch nur Ratschläge gegeben, in welche Richtung ich zu denken hätte. Er war einfach Beispiel. Das Buch „*Der Prophet*" von Gibran Khalil Gibran hat er sicher nicht gelesen, aber er hat von sich aus konsequent nach den Zeilen aus dem Kapitel über die Kinder gehandelt, in denen es heißt: „*Ihr dürft ihnen eure Liebe geben, aber nicht eure Gedanken.*"

Die Parallele im Verhältnis von Ronnie zu seinem Großvater und von mir zu meinem, natürlich auf gesellschaftlich weit niedrigerem Niveau, ist so deutlich, dass das Buch mir mein Leben lang in Erinnerung geblieben ist, und davon mit am meisten der religiöse Aspekt, der darin nur einen winzigen Teil ausmacht.

Religion und Philosophie

Im Islam gab es im 10. bis 12. Jahrhundert große Auseinandersetzungen zwischen Theologen und Philosophen. Die Philosophen al-Fārābī (gestorben 950) und Ibn Sīnā (gestorben 1037) verwarfen die Schöpfung ex nihilo (aus dem Nichts) und interpretierten Koransuren über die Auferstehung des Leibes neu. Das rief den Widerstand der orthodoxen Theologen hervor, unter denen al-Ghazālī (gestorben 1111) sich mit philosophischer Bildung, besonders in seinem Werk „Tahāfut al-Falāsifa" (Die Widerlegung der Philosophen), als der schärfste Gegner der Philosophen hervortat und ihre Thesen als Unglauben (*kufr*) und als Ketzerei verurteilte. „Er listet zwanzig Theorien der Philosophen auf, die diese Widersprüche enthalten. Siebzehn davon bezeichnet er als innovatorische Abweichungen *(bid'a)* vom wahren Glauben. die übrigen drei brandmarkt er als Unglauben *(kufr)* und Häresie, nämlich die Lehre von der Ewigkeit der Welt (Problem der Schöpfung), die Leugnung eines göttlichen Erkennens der Einzeldinge (Problem der Vorhersehung) und die Bestreitung der Auferstehung der Körper (Problem der Unsterblichkeit)."[133]

Arabische Philosophen in Andalusien, unter ihnen besonders prominent Ibn Ruschd, latinisiert Averroes

---

[133] Philosophie und Theologie von Averroes, übersetzt von Marcus Joseph Müller, COLLEGIA Philosophische Texte, VCH Acta humaniora, 1991 (Zitat aus dem Nachwort von Matthias Vollmer), S. 164

(1126 – 1198), mit seiner direkten Erwiderung unter dem Titel *„Tahafut at-Tahāfut"* (Widerlegung der Widerlegung) verteidigten die Philosophie gegen ihn.

Denkmal des Philosophen Abū'l Walīd Muḥammad Ibn Aḥmad Ibn Ruschd (Averroes) in Cordoba

Ibn Ruschd unternahm im Sinne eines aufklärerischen Religionsverständnisses den lobenswerten Versuch, Theologie und Philosophie miteinander zu versöhnen. Er „behandelt auch die drei Lehren, deretwegen al-Ghazālī die Philosophen als Ungläubige bezeichnete, und meint, falls hier in der Tat ein Irrtum auf seiten de Philosophen vorläge, sei dieser zulässig und auf gar keinen Fall mit Ungläubigkeit gleichzusetzen."[134]

Zu al-Ghazālīs Beschuldigung der Leugnung eines göttlichen Erkennens der Einzeldinge (Problem der Vorhersehung) schreibt Ibn Ruschd in seinem Werk *Kitāb faṣl al-maqāl* (Buch über die Unterscheidung der Thesen): „Zu alledem kommt noch, daß wir sehen, daß Abū Ḥamīd [al-Ghazālī, Anm. d. Verf.] sich eines Irrtums gegen die Peripatetiker [Schüler des Aristoteles (nach dem Wandelgang der Schule, dem Peripatos), Anm. d. Verf.] schuldig gemacht hat, indem er ihnen die Meinung zuschreibt, daß Gott durchaus kein Wissen von den partikularen Dingen habe. Aber dies ist unrichtig: ihre Meinung ist bloß die, daß Gott sie weiß vermöge eines Wissens, das unserem Wissen von ihnen nicht homogen ist. Nämlich unser Wissen ist abhängig oder verursacht durch das Objekt des Wissens, es ist entstanden durch sein Entstehen und verändert sich durch seine Veränderung, während das Wissen Gottes von der Existenz im Gegensatz hierzu ist; denn es ist die Ursache des Gewußten, welches das Existierende ist. Wenn jemand die beiden Wissen miteinander gleichsetzt, so

---

[134] Philosophie und Theologie von Averroes, übersetzt von Marcus Joseph Müller, COLLEGIA Philosophische Texte, VCH Acta humaniora, 1991 (Zitat aus dem Nachwort von Matthias Vollmer), S. 171

identifiziert er Wesen und Eigenschaften von ganz entgegengesetzten Gegenständen: und das ist der Gipfel der Torheit."[135] Er wirft al-Ghazālī also die Torheit vor, göttliches Wissen mit menschlichem Wissen zu vergleichen oder gar gleichzusetzen, so als ob Gott sich menschlich verhalte und sein Verhalten nach menschlichen Maßstaben zu beurteilen sei. Er sagt damit auch, dass der Mensch nicht wissen kann, was Gott weiß.

In Verteidigung der Vereinbarkeit von Religion und Philosophie schreibt er: „Denn unsere Seele ist wegen der schlechten Absichten und von der Wahrheit abweichenden Glaubenssätze, die sich in die Religion eingeschlichen haben, außerordentlich betrübt und schmerzlich berührt, besonders durch das, was ihr von seiten derer begegnet, die sich für Philosophen ausgeben. Denn die Verletzung, die von einem Freund ausgeht, ist ärger als die von einem Feinde; nämlich die Philosophie ist die Freundin der Religion und ihre Milchschwester."[136]

Ibn Ruschds Schwierigkeit ist sein Wunsch, die Gegnerschaft – bis hin zur Feindschaft – zwischen Theologie und Philosophie zu überwinden, die Theologen zu besänftigen, weil er um politischen Einfluss und politische Macht der Theologen weiß und sie fürch-

---

[135] Philosophie und Theologie von Averroes, übersetzt von Marcus Joseph Müller, COLLEGIA Philosophische Texte, VCH Acta humaniora, Weinheim 1991, S. 11

[136] ebd., S. 27

tet, zu recht fürchtet, wie er später am eigenen Leibe erfahren musste.

Wenn Ibn Ruschd so weit ging, zu schreiben, „die Philosophie ist die Freundin der Religion und ihre Milchschwester", ist das wahrscheinlich ein ziemlich plumper Anbiederungsversuch, um Gefahr von sich abzuwenden. Ob er das wirklich so ernst gemeint hat, kann man durchaus anzweifeln. Die Metapher von der Milchschwester ist ja mehrdeutig. Sie besagt ja nur, dass dieselbe Amme die beiden gesäugt hat und nicht, dass sie Geschwister sind.

Für meine Einschätzung, dass dies nur eine Behauptung Ibn Ruschds zu seinem Selbstschutz war, finde ich die Bestätigung bei Bassam Tibi. Er schreibt: „Der Harvard-Historiker islamischer Philosophie und irakische Muslim Muhsin Mahdi setzt uns in einem aufschlußreichen Aufsatz davon in Kenntnis, dass islamische Philosophie: »sich aus und um die theoretischen Wissenschaften entwickelte; sie erkannte keine andere theoretische Grenze als die der menschlichen Vernunft selbst an.... Islamische Philosophie war nicht Dienerin der Theologie.«[137]

Ibn Ruschd hatte den ihm wohl gesonnenen Almohadenherrscher Abū Ya'qūb Yūsuf (1163 – 1184) auf seiner Seite. Das blieb auch eine kurze Zeit lang unter dessen Sohn und Nachfolger Abū Yūsuf Ya'qūb al-Manṣūr (1184 – 1199) so. Doch während dessen

---

[137] Bassam Tibi, *Kreuzzug und Djihad*, München 2001, S. 212

Herrschaft erstarkte die theologische Reaktion, und Ibn Ruschd wurde nach Marrākesch verbannt, und seine Bücher wurden verbrannt. Kurz vor seinem Tode 1198 soll er noch einmal in seine früheren Ämter, u.a. als Richter, eingesetzt worden sein.[138]

Ibn Ruschd hat ein großartiges Werk hinterlassen, und er war einer der großen Philosophen und Aufklärer im Islam. Leider war seine Aufklärung nicht erfolgreich, und es hat in den folgenden acht Jahrhunderten keinen muslimischen Philosophen vergleichbaren intellektuellen Kalibers mehr gegeben, jedenfalls keinen, der so unabhängig von religiösen Dogmen argumentiert hat, obwohl natürlich auch er sie verbal berücksichtigt hat und auf sie eingegangen ist. Auch von der technischen Entwicklung her, war er zu früh. Martin Luther, nicht als Aufklärer sondern als Glaubensreformator, hatte schon den weniger als ein Jahrhundert kurz vorher von Johannes Gutenberg (1400-1468) erfundenen Buchdruck zur Verfügung zur Verbreitung seiner Thesen. Wer weiß, wie es um eine Aufklärung im Islam gestanden hätte, wenn es auch zu Zeiten Ibn Ruschds den Buchdruck gegeben hätte.

In der gesamten Welt des Islam haben bis heute die Orthodoxen und die Dogmatiker obsiegt.

---

[138] Philosophie und Theologie von Averroes, übersetzt von Marcus Joseph Müller, COLLEGIA Philosophische Texte, VCH Acta humaniora, Weinheim 1991 (aus dem Nachwort von Matthias Vollmer), S. 167

Doch selbst unter den als offen, undogmatisch und tolerant angesehenen Sufi-Mystikern gab es Philosophiegegner. Für gefährlicher als die Dummköpfe und die Habgierigen hielt der große Sufi-Meister Dschellāladdīn Rūmī „die Superklugen, vor allem die Philosophen mit ihren Haarspaltereien. Rūmī lobt den Intellekt, solange er den Menschen auf dem Wege der Religion führt, aber als Selbstzweck [....] ist er satanisch.“[139]

Im religiös dominierten Orient hat die Philosophie bis heute einen schlechten Ruf. Wenn jemand eine Meinung vertritt, die als unüblich, versponnen oder verrückt angesehen wird, ist es allgemein üblicher Sprachgebrauch im Arabischen, abwertend zu sagen: „yitfelsef“, er philosophiert.

Diese philosophiefeindliche Haltung war aber lange Zeit keineswegs auf den Islam beschränkt. Zum Beispiel wurde Baruch de Spinoza wegen seiner vom orthodoxen jüdischen Glauben abweichenden Philosophie aus seiner jüdischen Gemeinde in Amsterdam verbannt, und selbst im 19. Jahrhundert wurde dem großen Philosophen Ludwig Feuerbach wegen seiner religionskritischen Werke eine Professur an einer deutschen Universität verweigert. Er stellte dann auch – sozusagen von der Gegenseite – fest, dass Religion und Philosophie einander Feind sind.

---

[139] Annemarie Schimmel, Rumi – Ich bin Wind und du bist Feuer, München 1978, S. 129

Wie sehr sie einander Feind sind, oder zumindest früher waren, zeigt sich auch am Beispiel Voltaire, und das noch besonders nach seinem Tode. Im hohen Alter hatte er wegen seiner kritischen Haltung gegenüber der katholischen Kirche die Befürchtung, dass man seinen Leichnam auf den Schindanger werfe. Um dem entgegenzuwirken legte er bei einem Priester eine Beichte ab und übergab ihm eine vorher schriftlich abgefasste Erklärung: *Ich sterbe in Anbetung Gottes, in Liebe zu meinen Freunden, ohne Haß gegen meine Feinde und in Ablehnung des Aberglaubens.*[140]

Ob er tatsächlich der Illusion unterlag, mit dieser Erklärung, die er drei Monate vor seinem Tode schrieb, die katholische Kirche gnädig stimmen zu können, wissen wir nicht. Von der Anbetung des *christlichen* Gottes ist nicht die Rede, und dass er die christliche Lehre immer als Aberglauben bezeichnet hatte, und dies hier im Grunde noch einmal bekräftigte, muss jedem - und besonders jedem katholischen Priester – klar gewesen sein.

Voltaire starb am 30. Mai 1778, und seine Befürchtung sollte sich bewahrheiten. Der Priester der Gemeinde Saint-Sulpice, in deren Bezirk er gestorben war, wie auch sein Vorgesetzter, der Erzbischof von Paris, verweigerten den Hinterbliebenen ein Begräbnis «in geweihter Erde».

---

[140] Georg Holmsten, *Voltaire*, Reinbek bei Hamburg 1971, S. 144

Die Neffen hatten sich schon vor Voltaires absehbarem Tod über die Haltung der Autoritäten des Klerus unterrichtet. Sie handelten schnell und entschlossen auf sehr ungewöhnliche Art. Sie holten in aller Eile einen Chirurgen, der den Leichnam sezierte und einbalsamierte. Der Chirurg behielt das Gehirn, über dessen außergewöhnliche Größe er verblüfft war. Voltaires Herz wurde einem Freund Voltaires, dem Marquis de Villette zur Aufbewahrung übergeben.

Den Rest des Leichnams brachten die Neffen heimlich und unter Täuschung der Beamten an der Pariser Stadtgrenze in die Nähe von Troyes in der Champagne. Die Mönche der Abtei von Scellières waren großzügig genug, ein kirchliches Begräbnis auf dem Gelände der Abtei zu gestatten. Dafür wurde allerdings danach der Prior der Abtei von seinen Vorgesetzten des Amtes enthoben.

Nach der französischen Revolution erinnerte man sich des Grabes in der Champagne, und am dreizehnten Todestag am 30. Mai 1791 wurde der Sarg zur Ehrung eines der Großen Frankreichs ins Panthéon in Paris gebracht. Ein Teil der Inschrift auf seinem Sarkophag lautete: „Er hat uns vorbereitet, frei zu werden."

Im Jahre 1814 drangen ultrakonservative Monarchisten ins Panthéon ein, erbrachen die Sarkophage Voltaires und Rousseaus, taten die Gebeine in Säcke, die sie auf einer Brache nahe dem Seine-Ufer vergruben, wo sie nie wieder aufgefunden wurden.

Das Gehirn Voltaires ging verloren. Als einziger sterblicher Überrest ist das Herz Voltaires erhalten; es wird in einer goldenen Kapsel in der Pariser Nationalbibliothek aufbewahrt.[141]

Wenn heutzutage, zumindest in Europa, solche Verfolgung von Philosophen und Freidenkern, bis hin zu solch „wahrhaft christlichen" Leichenschändungen, nicht mehr möglich ist, ist es das Verdienst von Aufklärern wie Voltaire. Von den Veränderungen, die er mit angestoßen hat, konnte er leider nicht mehr profitieren.

Zur Feindschaft zwischen Religion und Philosophie hat natürlich Voltaire selbst erheblich beigetragen. Zur Rolle der Philosophie in der Zukunft äußerte er sich in einem Brief an seinen Freund d'Alembert allerdings übertrieben optimistisch: *Eine neue Generation, die den Fanatismus verabscheut, ist im Werden. Einst werden Philosophen die ersten Stellen einnehmen. Das Reich der Vernunft wird schon vorbereitet.* [142]

Ungefähr zur gleichen Zeit, dem letzten Lebensjahr Voltaires, erhitzte in Norddeutschland 1777/78 der sogenannte „Fragmentenstreit" zwar nicht die, aber doch einige Gemüter.

---

[141] Georg Holmsten, *Voltaire*, Reinbek bei Hamburg 1971, S. 152

[142] Georg Holmsten, *Voltaire*, Reinbek bei Hamburg 1971, S. 117

Der Dichter Gotthold Ephraim Lessing (1729 – 1781), damals Leiter der weltberühmten herzoglichen Bibliothek in Wolfenbüttel, erhielt von der mit ihm befreundeten Familie des einige Jahre zuvor in Hamburg verstorbenen Gelehrten Hermann Samuel Reimarus (1694 – 1768), Philosoph und Professor für orientalische Sprachen, ein von ihrem Vater verfasstes Manuskript.

Dieses Manuskript veröffentlicht Lessing in mehreren Teilen (Fragmenten) 1777/78 unter dem Titel *„Fragmente eines Wolfenbütteler Ungenannten"* ohne Nennung des Verfassernamens, um die Familie Reimarus vor Anfeindungen zu schützen. Er gibt vor, das Manuskript in der Wolfenbütteler Bibliothek gefunden zu haben.

Diese Fragmente enthalten stark religions- und bibelkritische Thesen, nach denen Gottes Existenz und die Unsterblichkeit allein durch den Gebrauch der Vernunft erklärbar seien und das Buchstabendiktat der Bibel mit der Darstellung übernatürlicher Wunder und Offenbarungen verzichtbar sei. Lessing stimmt dem zu und erklärt den Geist der Bibel für wichtiger als ihre Buchstaben.

Diese Veröffentlichungen lösen unter Theologen einen Sturm der Kritik und der Entrüstung aus, wobei nicht nur der Inhalt der *Fragmente,* sondern auch Lessings Parteinahme für sie scharf verurteilt wurden.

Der prominenteste und schärfste Kritiker war der Hamburger Prediger Johann Melchior Goeze, der in der Veröffentlichung der Schriften nicht nur einen frontalen Angriff auf die christliche Religion, sondern auch auf den Staat sah und sie «also mit einem politischen Aufruhr» gleichsetzte. Lessing wird als Staatsfeind und Antichrist dämonisiert.[143]

Lessing liefert sich daraufhin mit Goeze in veröffentlichten Texten eine scharfe Auseinandersetzung. Dieser auf den ersten Blick als kleinkariert erscheinende Streit ist tatsächlich eine der wichtigsten theologischen Auseinandersetzungen der Aufklärung im 18. Jahrhundert und vor dem Beginn der Säkularisierung.

Die entscheidende Verschärfung des Ganzen ist Lessings Veröffentlichung des Reimarus-Textes «*Von dem Zwecke Jesus und seiner Jünger*», in dem die Auferstehungsgeschichte und die Überlieferungslegende der Evangelisten in Frage gestellt werden. Daraufhin wirft Lessings Dienst- und Landesherrherr, Herzog Karl zu Braunschweig-Wolfenbüttel dem Dichter vor, die christliche Religion verächtlich zu machen, entzieht ihm die 1772 gewährte Zensurfreiheit und bedroht ihn mit «schwerer Ungnade».

Letztendlich wird Lessing auf seine Bitte doch zugestanden, seine *Anti-Goezeschen Blätter* weiter unzensiert zu verlegen und drucken zu lassen.[144]

---

[143] Wilhelm von Sternburg, *Lessing*, Reinbek bei Hamurg, 2010, S. 126

[144] ebd., S. 127ff.

Das langfristig bedeutendste und schönste Ergebnis dieses Fragementenstreits ist die Tatsache, dass Lessing daraufhin das Schauspiel „Nathan der Weise", für das er schon Jahre vorher Skizzen notiert hatte, niederschrieb und veröffentlichte. Dieses *Dramatische Gedicht* mit der berühmten Ringparabel, in dem Toleranz und Humanismus in beispielhafter Form gezeigt werden, ist auch heute noch auf deutschen Bühnen eins der meist aufgeführten Theaterstücke.

Religion und Frauen

Meine irakische Schwiegermutter sagte in den Sech-
zigerjahren gelegentlich: „Die Frauen sind die Soldaten Satans." Als junger aufgeklärter Mitteleuropäer
dachte ich, dass das – gerade von einer Frau – wohl
nur als Witz oder ironisch gemeint sein könne. Als
ernst gemeint konnte ich es mir in meiner damaligen
Naivität nicht vorstellen. Heute, nach einem langen
Leben und mit einigem Nachdenken über Religion,
besonders über Religion im Orient und ihre Wirkung
und Macht, bin ich überzeugt, dass sie es damals
genau so gemeint hat, wie sie es gesagt hat. Der An-
thropologe und Psychologe Ernest Bornemann (1915
– 1995) schreibt über Frauen, die ihr Unterdrücktsein
als natürlich und „gottgegeben" akzeptieren: „Das
Bedeutsame [...] ist, daß die Unterdrückungsmetho-
den der europäischen Männer nicht nur das Weltbild
der Unterdrücker, sondern auch das der Unterdrück-
ten geprägt haben."[145] Wie ich aus eigener Anschauung weiß, gilt das nicht nur in Europa.

Nun aber erst einmal das Ganze von Anfang an in
seiner historischen Entwicklung. Ernest Bornemann
beschreibt in seinem Buch „Das Patriarchat"[146] sehr
ausführlich und detailliert, dass die Menschen in vor-

---

[145] Ernest Bornemann, *Das Patriarchat*, Frankfurt (Main),
1975, S. 10

[146] ebd., S. 14ff.

geschichtlicher Zeit, bis in die jüngere Steinzeit in Sippen gelebt haben, in denen alle Sippenmitglieder gleichberechtigt waren, gleichviel ob Männer, Frauen oder Kinder. Die älteste Frau war in der Regel Oberhaupt der Sippe, allerdings ohne irgendwelche Vorrechte. Entscheidungen wurden demokratisch getroffen, und zwar nicht durch Mehrheitsentscheid, sondern es wurde so lange beraten, bis Einstimmigkeit erreicht worden war. Es war also kein Matriarchat, keine Herrschaft der Mütter. Die Sippenälteste war nur Erste unter Gleichen.

Um Inzest zu vermeiden, holten sich die Frauen ihr männlichen Partner aus anderen, in der Umgebung lebenden Sippen. Die Frauen wussten, welches ihre Kinder waren, die Männer nicht. Alle Kinder wuchsen in der Sippe auf und wurden von der Sippe gemeinschaftlich versorgt.

Jedes Sippenmitglied trug, je nach Kraft und Geschicklichkeit, zum Lebensunterhalt durch die Jagd von Tieren oder das Sammeln von Pflanzen und Früchten bei. Der Ertrag wurde nicht nach Leistung sondern nach Bedürftigkeit verteilt. Es gab keinen Staat, keine Polizei, keine Justiz und keine Hierarchie.

Da der Vorzeitmensch nicht in Begriffen von Eigentum und Territorium dachte (beide Begriffe bildeten sich erst mit dem Ackerbau und der Viehzucht he-

raus), kam es auch nie zu kriegerischen Zusammen-
stößen zwischen Kulturen.[147]

Aus dem höheren Status der Frau entwickelte sich
sehr früh der Kult der Urmutter, der frühesten Form
einer Religion in der Alten Welt. Im späteren Patriarchat wurde dann nach und nach daraus der Urvater
und später der Göttervater Zeus bei den alten Griechen und Jupiter bei den Römern.

Die Ordnung des Mutterrechts wurde beibehalten,
solange keine Überschüsse erwirtschaftet wurden.
Als sich diese Situation änderte und in der Jungstein-
zeit (in Vorderasien vom 5. bis zum 2. vorchristlichen
Jahrtausend, in Europa etwa von 4000 bis 1800
v.Chr.) Überschüsse erzielt wurden und dadurch
Eigentum entstand, kam diese Ordnung nach und
nach ins Wanken. Die Männer wollten Eigentum
vererben, und vererben kann man nur, wenn man
weiß, wer seine Kinder sind. Die Männer mussten
also darauf achten, größtmögliche Kontrolle über
„ihre" Frauen zu haben. Daraus entstand nach und
nach das Patriarchat.

Es würde den Rahmen dieser Arbeit sprengen und
auch für das Thema dieses Buches nicht viel zusätzli-
chen Nutzen bringen, diese Entwicklung in allen Einzelheiten und mit ihren geografischen, umweltbe-
dingten und zeitlichen Abweichungen und Variatio-
nen zu schildern. Ein gutes Fazit dieses Überganges
bezogen auf die Anfänge der griechischen Antike

---

[147] ebd., S. 37

finden wir bei Bornemann im Folgenden: „Wo die Güter Gemeinbesitz sind, wie bei den matrilokalen, matrilinearen Sippengesellschaften der Alten Welt, da besitzt auch niemand den anderen. Weder besitzt der Mann die Frau noch die Frau den Mann. Selbst die Kinder sind frei, weil sie noch nicht als »Besitz« der Eltern empfunden werden. Sobald der Mann aber das Privateigentum entdeckt hat – und dies ist nun einmal das unbestreitbare »Verdienst« des Mannes – da beginnt er auch, Frau und Kinder als »seine« Frau und »seine« Kinder zu betrachten. Der Mensch wird zum Eigentum. Die Verdinglichung der Humanität beginnt, und damit die Feindschaft der Geschlechter. Nicht daß die Griechen ihre Frauen unterjochten, sondern daß sie durch diese Unterjochung sich selbst ihrer Freiheit beraubten, ist die Tragödie des griechischen Patriarchats: »Von Anfang bis zu Ende herrschte bei den griechischen Männern ein Egoismus oder eine ausgesuchte Selbstsucht, welche dahin führte, die Achtung vor den Frauen in einer Weise zu verringern, wie man es unter Wilden kaum findet«, schrieb Lewis H. Morgan bereits im Jahre 1876 (*Die Urgesellschaft*, zweite deutsche Auflage, Stuttgart 1908, S. 400). So bringt erst die »Kultur« jene Mißachtung der Frauen, die unter Barbaren unbekannt ist.“[148]

Während Bornemann – und mit ihm Bachofen und Engels, auf die er sich beruft - diese Phase des Mutterrechts sehr idealisiert, sieht Simone de Beauvoir

---

[148] Ernest Bornemann, *Das Patriarchat*, Frankfurt (Main), 1975, S. 107

das wesentlich nüchterner und betrachtet es weitgehend als einen Mythos.[149] Es scheint jedoch unbestritten, dass die Stellung der Frau durch den überwiegend durch den Mann bewirkten technischen Fortschritt, wie die Erfindung des Pflugs und den dadurch gegenüber der Hacke ermöglichten rationelleren Ackerbau, geschwächt wurde.[150]

Ich will mich bei der Beschreibung des Patriarchats in der griechisch-römischen Antike auf das Wesentliche beschränken, da der Polytheismus, die Religion der Antike für uns nicht mehr existiert und ich mich deshalb nicht damit auseinandersetzen muss. Nur soviel, dass die Bezeichnung Patriarchat für die damaligen Zustände ein Euphemismus ist, der dem Ausmaß der Verachtung, Erniedrigung und Unterdrückung der Frauen im alten Griechenland und danach im Römischen Reich nicht gerecht wird. Ausnahmen bildeten Sparta und einige der griechischen Kolonien in Kleinasien, Unteritalien und Sizilien mit einer matrilinealen Ordnung und weitgehender Gleichberechtigung der Geschlechter.

Wir loben heute die griechische Antike und besonders Athen als die Wiege der Demokratie. Die demokratischen Rechte beschränkten sich jedoch auf eine kleine Minderheit freier und reicher Männer, die keiner Erwerbsarbeit nachgehen mussten. Frauen und

---

[149] Simone de Beauvoir, *Das andere Geschlecht*, Reinbek bei Hamburg, 1951, S. 77

[150] Bornemann, S. 115

Sklaven waren davon ausgeschlossen. Theoretisch hatten alle freien Männer diese Rechte, aber praktisch konnten die, die einer Erwerbsarbeit nachgingen, da sie keine oder nicht genügend Sklaven besaßen, die während ihrer Abwesenheit auf politischen Versammlungen für sie hätten arbeiten können, diese Rechte nicht ausüben, besonders dann nicht, wenn sie außerhalb der Stadt lebten und längere, zeitaufwendige Wege hätten zurücklegen müssen.

Die Wirtschaft basierte auf Sklavenarbeit, und das Gros der Sklaven musste auf Kriegszügen erbeutet werden. Das war der hauptsächliche Kriegszweck. Für die reichen Griechen war Arbeit schändlich. Sie konnten es sich leisten, ihre Zeit mit Politik und mit der Beschäftigung mit geistigen und kulturellen Dingen zu verbringen. Ehefrauen waren für den Haushalt zuständig, sonst gesellschaftlich nicht in Erscheinung tretend und in sexueller Hinsicht zur meist freudlosen und pflichtgemäßen Begattung zum Zweck der Nachwuchsproduktion. Genuss- und freudvolleren Sex, aber auch Musikgenuss und geistige Gespräche hatten die Herren bei Hetären, grob vergleichbar mit Mätressen und Kurtisanen im späteren Westeuropa.[151]

Natürlich waren die kulturellen Errungenschaften der griechischen Antike ganz außerordentlich. Die Männer hatten Zeit und Muße dafür. Griechische Künstler und Wissenschaftler in großer Zahl sind heute noch

---

[151] Ernest Bornemann, *Das Patriarchat*, Frankfurt (Main), 1975, S. 143ff.

berühmt. Jeder Gymnasiast muss sich heute noch mit Pythagoras und Euklid beschäftigen, auf den Bühnen der Welt werden heute noch die Dramen der großen Dichter, wie Aischylos, Sophokles und Euripides gespielt, Ärzte schwören den Eid des Hippokrates, und die Zahl der berühmten Philosophen ist Legion.

Es sind jedoch ausnahmslos Männer. Die berühmtesten Frauen, wie Sappho und Aspasia, stammten von den ägäischen Inseln oder aus den kleinasiatischen Kolonien, wo die Frauen ein weitaus größeres Maß an Freiheit und Autorität genossen als in Griechenland selbst.[152]

Die Verachtung der Frauen wird deutlich in den Sätzen berühmter Dichter und Philosophen, wie: „Nichts ist scheußlicher doch, nichts unverschämter auf Erden als das Weib" (Homer). Als Diogenes eine Frau an einem Ölbaum erhängt sah, rief er aus: „Mögen doch alle Bäume solche Früchte tragen!" Aphrodites Gaben an die Frau seien „ihr Gequatsche, ihr Grinsen und ihre Tricks", sagte Hesiod, und an anderer Stelle: „So hat Zeus die Weiber den Männern als Plage geschickt, voll von bösen Plänen." Auch bei Platon erscheint die Frau nicht nur als späteres, sondern auch als minderwertiges Werk des göttlichen Schöpfungsaktes, und Euripides: „Stets sind die Weiber hinderlich dem Wohlergehn der Männer, daß zum Schlim-

---

[152] Bornemann, S. 144

mer'n es sich wenden muß." Dies ist nur eine kleine Auswahl der vielen Zitate bei Ernest Bornemann.[153]

Die Entwicklung der Stellung der Frau im alten Rom lässt sich mit extremen Ausschlägen eines Pendels in verschiedene Richtungen beschreiben. Bei der Gründung der Stadt Rom Mitte des 8. Jahrhunderts v.Chr. gab es dort eine Ordnung des Mutterrechts, die über zwei Jahrhunderte, bis zum letzten in der Reihe der Könige des frühen Roms, Tarquinius Superbus (Herrscherzeit von 534 – 509 v.Chr.) überdauerte. „Das Königreich starb aus, weil der letzte König, Tarquinius Superbus, seinem Sohn die Krone zu vermachen suchte und dadurch das Matriarchat verletzte. Zu diesem Zweck schaffte er die beiden legitimen Thronfolger mütterlicher Linie, den Gatten und den ältesten Sohn seiner Schwester, aus dem Wege."[154] Er wurde daraufhin gestürzt und aus Rom verbannt, und die römische Republik wurde gegründet.

Ironischerweise führten die Gründer der Republik das ein, weswegen Tarquinius verbannt wurde, nämlich das Patriarchat, und zwar in der exzessivst vorstellbaren Form. „Der wichtigste Schritt auf diesem Wege war die Verwandlung der Sippe in die Familie", und „mit der Einführung der Familie beginnt die Knechtschaft der Frau."[155] Der Vater erhielt als „*paterfami-*

---

[153] Bornemann, S. 198/199

[154] ebd., S. 357

[155] ebd., S. 358

lias das Recht über Leben und Tod seiner Frau und Kinder. Weder Frau noch Kinder hatten ein Recht auf eigenen Besitz. Selbst die Ehefrauen der Söhne unterlagen der Gewalt des Schwiegervaters."[156] Die Rechte des Vaters gingen sogar so weit, dass er bei der Geburt eines Kindes entscheiden konnte, ob er es als sein Kind anerkennen will oder nicht. „Glaubte der Vater, das Kind stamme nicht von ihm, oder betrachtete er es einfach als lästig, dann setzte er es an einem einsamen Ort aus und überließ es seinem Schicksal. Hatte das Kind Glück, erbarmte sich ein anständiger Mensch seiner und zog es auf. Die meisten aber verhungerten oder verfielen der Sklaverei. Die Mutter hatte kein Recht des Einspruchs gegen diese legitime Form der Kindestötung. Das war der »Fortschritt«, den das Vaterrecht mit sich brachte."[157]

Im Laufe der Zeit, bedingt durch die territoriale Erweiterung des römischen Reiches, durch die dafür nötigen Kriege und die damit verbundene Abwesenheit der Männer, änderte sich die Situation der Frauen nach und nach zu ihrem Vorteil, bzw. zu einem Nachlassen der Unterdrückung. „Wohl oder übel mußten die Frauen die Staatsmacht übernehmen, und das verschaffte ihnen nicht nur neues Selbstvertrauen, sondern auch neue Erfahrung mit dem Rechtsverkehr, der Verwaltung und der Ökonomie des Patriarchats." [....] „Fast alle römischen Historiker bezeichnen das

---

[156] ebd., S. 362

[157] ebd., S. 360

Ende des Zweiten Punischen Krieges [218 bis 201 v.Chr., Anm. d. Verf.] als Wendepunkt in der Geschichte des Patriarchats." „Von diesem Zeitpunkt an bis zum Ende des Kaiserreichs können wir einen stetigen Machtzuwachs der Frau beobachten. Nominell bestanden die alten Beschränkungen des weiblichen Eigentums auch nach dem Ende der Punischen Kriege weiter, in der Praxis aber hatten die Frauen der Reichen mittlerweile so viel eigenen Besitz angehäuft, daß der Staat beide Augen zudrückte und geschehen ließ, was geschehen war."[158]

Die Frauen hatten die Verbesserung ihrer Lage also nicht etwa der Einsicht der Männer zu verdanken, dass die Verächtlichmachung und Unterdrückung der Frauen Unrecht sei, sondern ihrer eigenen Leistung und dem günstigen Umstand, dass diese Leistung in einer bestimmten Situation dringend gebraucht wurde.

Die griechisch-römische Antike ist nichts, mit dem wir uns heute aus Religionssicht auseinander setzen müssten. Ich wollte sie aber nicht völlig ignorieren, da sie Basis unserer Kultur ist. Ich habe sie deshalb sehr skizzenhaft beschrieben.

Nachdem die Christen in den ersten Jahrhunderten unserer Zeitrechnung im römischen Reich schlimmster und grausamster Verfolgung ausgesetzt waren, wurde unter Kaiser Konstantin im Jahre 313 gemäß

---

[158] Bornemann, S. 486

der Mailänder Vereinbarung Religionsfreiheit ausgerufen und damit auch das Christentum anerkannt.

Nun sollte man annehmen, dass das Christentum als Offenbarungsreligion mit sehr hohem moralischen Anspruch Frauen als gleichwertige Menschen ansieht. Doch weit gefehlt. Es ist auch wohl aus unserer heutigen aufgeklärten Sicht zu naiv gedacht.

Schließlich hat das Christentum das stark patriarchalisch geprägte Judentum als Basis und die jüdische Tora als Altes Testament. Darin wird gleich im ersten Buch Mose der Sündenfall geschildert, nach dem Gott Adam und Eva des Paradieses verwiesen hat und Adam zum Herrn über Eva gemacht hat, weil Adam auf Evas Anraten in die verbotene Frucht der Erkenntnis gebissen hat. Noch heute werfen einige in ihrer Denkfähigkeit beschränkte Männer Eva - und mit ihr den Frauen - vor, dass sie schuld sei, dass wir nicht mehr im Paradies leben. Wenn diese Bibelstelle für mich glaubhaft wäre, müsste ich Eva ewig dankbar sein; denn wie langweilig und geistlos wäre ein Leben im Paradies.

Abgesehen davon wäre ein paradiesisch-sorgloses Leben kein glückliches Leben, weil in einem Leben in Abwesenheit von Elend, Schmerz, Kummer und Sorgen Glück nicht empfunden werden könnte. Der Mensch wüsste nicht, was Glück ist. Ja, der Mensch wüsste vermutlich nicht einmal, was Wissen ist. Er wäre kein *homo sapiens*, kein *wissender Mensch*. Er wäre nur ein gut versorgtes Tier. Der Baum, von dem

Eva die verbotene Frucht gepflückt haben soll, wird nicht umsonst Baum der Erkenntnis genannt.

Ernest Bornemann schreibt zur biblischen Darstellung: „In diesem Sinne stellt die Bibel eine der ersten bewußten Geschichtsklitterungen dar: sie unterschlägt die Urmutter, die Erstgeschaffene und ersetzt sie durch die Legende vom ersterschaffenen Mann. In der babylonischen Kosmogonie, die von den Juden übernommen und mit geringen Änderungen im ersten Buch Mose perpetuiert wurde, sind es eben diese Änderungen, die unsere Aufmerksamkeit erregen. Denn sie spiegeln den Kampf einer männlichen Priesterkaste gegen das bis dahin herrschende Priesterprivileg der Frau wider und zeigen hier die Nutzung des geschriebenen Wortes für einen ganz spezifischen Zweck: den Aufbau der Legende vom Primat und der sozialen Überlegenheit des Mannes.“[159]

Alle Propheten im Alten Testament sind Männer, und nach dieser langen Reihe ist es Jesus, der durch seinen Tod am Kreuz für die Christen der Gründer ihrer Religion und Gottes Sohn ist, geboren von einer Jungfrau nach unbefleckter Empfängnis. Diese Jungfräulichkeit und unbefleckte Empfängnis Marias macht alle Empfängnisse aller anderen Frauen befleckt und schmutzig und die Frauen zu Verführerinnen zur Sünde.

Schon die Römer verehrten für die Gerechtigkeit die Göttin *Iustitia*, für die Fruchtbarkeit *Ceres* und für die

---

[159] Bornemann, S. 522

Weisheit *Sapientia*. Bornemann kommentiert das: „Nirgends tritt die Widersprüchlichkeit des Patriarchats deutlicher in Erscheinung als in diesen Gestalten, die aus dem Mutterrecht übernommen worden sind und dem Vaterrecht als Rechtfertigung für die Unterdrückung der Frau dienen; denn wenn man die Frau als Symbol verehrt, entledigt man sich der Pflicht, ihr auch als lebendes Wesen Ehre zu erweisen; wenn man sie als Gerechtigkeit, als Freiheit, als Weisheit symbolisiert, braucht man ihr in der Realität keine Freiheit, keine Gerechtigkeit zu geben und kann ihre Weisheit getrost mit Füßen treten. Hier deckt das Patriarchat also sein schlechtes Gewissen auf und zeigt gleichzeitig, wie man es durch Aufdeckung besänftigt."[160]

Wenn im Christentum also die Jungfrau Maria so herausgehoben und verehrt wird, kann man alle anderen Frauen getrost unterdrücken und verächtlich machen, wie die folgenden Beispiele zeigen.

Der Apostel Paulus schafft schon früh Klarheit und zeigt, wo es lang geht: „Der Mann aber soll das Haupt nicht bedecken, denn er ist Gottes Bild und Abglanz; die Frau aber ist des Mannes Abglanz. Denn der Mann ist nicht von der Frau, sondern die Frau von dem Mann. Und der Mann ist nicht geschaffen um der Frau willen, sondern die Frau um des Mannes willen."[161] An anderer Stelle: „Wie in allen

---

[160] Bornemann, S. 367

[161] Die Bibel, Luther-Übersetzung, 1. Kor. 11, 7, 8 und 9

Gemeinden der Heiligen sollen die Frauen schweigen in der Gemeindeversammlung, denn es ist ihnen nicht gestattet zu reden, sondern sie sollen sich unterordnen."[162]

Apostel Paulus war jedoch noch relativ gemäßigt im Vergleich zu anderen nach ihm. Tertullian (2. Hälfte des 2. bis 1. Viertel des 3. Jahrhunderts) schreibt: „Weib, du bist die Pforte zur Hölle. Du hast den überredet, den der Teufel nicht von vorne anzugreifen wagte. Deinetwegen hat Gottes Sohn sterben müssen; in Trauer und Lumpen solltest Du einhergehen."[163] Vom heiligen Ambrosius (1. Hälfte des 3. Jahrhunderts) lesen wir: „Adam ist von Eva zur Sünde verleitet worden. Es ist aber gerecht, das die Frau denjenigen, den sie zur Sünde verleitet hat, als ihren Herrn empfängt." Der heilige Johannes Chrysostomus (344 oder 349 bis 407) geht noch weiter: „Unter allen wilden Tieren findet sich keines, das schändlicher ist als das Weib."[164]

Mitte des 11. Jahrhunderts wird unter Papst Gregor VI. der Zölibat für Priester eingeführt und damit der

---

[162] ebd., 1. Kor. 14, 34

[163] Simone de Beauvoir, *Das andere Geschlecht*, Reinbek bei Hamburg 1968, S. 100

[164] ebd.

gefährliche Charakter der Frau besonders betont und alle Kirchenväter verkünden ihre Verworfenheit.[165]

„Der hl. Thomas (Thomas von Aquin, 1225 – 1274, Anm. d. Verf.) ist dieser Tradition noch treu, wenn er die Frau als ein »zufälliges« und unvollkommenes Wesen bezeichnet, als etwas wie einen verfehlten Mann. »Der Mann ist des Weibes Haupt, Christus ist des Mannes Haupt«, schreibt er. »Es steht fest, daß das Weib dazu bestimmt ist, in der Botmäßigkeit des Mannes zu leben, und daß sie keine Macht über sich selber hat.« Daher läßt auch das kanonische Recht kein anderes Eherecht als den Ausschluß der ehelichen Gütergemeinschaft zu, durch den die Frau rechtsunfähig und völlig machtlos ist. Nicht nur kann sie kein Amt bekleiden, sondern es ist ihr auch verboten, vor Gericht auszusagen; ihrem Zeugnis wird keinerlei Wert beigelegt.“[166]

Sie alle reduzieren die Rolle der Frau auf die niederen Instinkte des Menschen. Im religiösen Verständnis dieser Männer gibt es ja einen göttlichen Willen und einen göttlichen Plan. Hätte es nicht einem von ihnen in den Sinn kommen können, dass Gottes Plan für die Beziehung zwischen Männern und Frauen anders aussehen könnte? Was waren die Beweggründe für ihre Haltung? Hatten sie nur schmutzige Fantasien,

---

[165] Simone de Beauvoir, *Das andere Geschlecht*, Reinbek bei Hamburg 1968 , S. 101

[166] ebd.

oder lag ihnen ganz bewusst an der Unterjochung der Frauen? An mangelnder Intelligenz wird es nicht gelegen haben.

Die Hexenverfolgungen im Mittelalter und bis in die Neuzeit hinein bezogen sich zwar nicht ausschließlich auf Frauen, auch Männer wurden als Hexer verfolgt und verbrannt, aber Frauen waren mit rund drei Vierteln der Verfolgten in der großen Mehrheit. Diese Verfolgungen gingen nach historischer Forschung nur in geringerem Ausmaß auf Initiativen kirchlicher oder religiöser Instanzen zurück. Es ist aber stark zu vermuten, dass die kirchliche Doktrin von der Minderwertigkeit und Verderbtheit der Frau eine entscheidende Rolle gespielt hat.

In der katholischen Kirche spielen Frauen bis heute nur eine untergeordnete und dienende Rolle und dürfen keine geistlichen Ämter bekleiden. Die Initiative Maria2.0 kämpft dagegen an und fordert volle Gleichberechtigung auf allen Ebenen.

Wir erinnern uns des Satzes meiner christlichen irakischen Schwiegermutter vom Anfang dieses Kapitels mit den Frauen als Soldaten Satans. Es ist eine gläubige Zitierung dessen, was der Apostel Paulus und nach ihm Generationen von Kirchenvätern, Bischöfen und Priestern gesagt und gepredigt haben. Dies wirkt im Orient länger nach als im aufgeklärten Europa. Doch diese Erniedrigung, dieses Verächtlichmachen und diese Unterdrückung von Frauen ist nicht nur ungerecht, sie ist in höchstem Maße unmoralisch. Dies allein würde mir genügen, mich, nicht von Gott, aber von den angeblich von Gott gegebenen Religionen loszusagen.

Tatsächlich sind Frauen in Situationen der Unterdrückung und Diskriminierung in der Versuchung, dieser Unterdrückung zu entgehen, ihr auszuweichen oder ihre Folgen abzumildern, indem sie sich trickreich und auch trügerisch verhalten. Dann wird jedoch das vorgeworfene Verhalten durch die Unterdrücker erst verursacht und bewirkt.

Natürlich kann man in unserem ach so aufgeklärten Mitteleuropa sagen, die Aufklärung habe uns von diesen Irrungen befreit. Mich hat aber die Aufklärung nicht nur von den Irrungen sondern von meiner angestammten Religion befreit, ohne dass ich das Bedürfnis nach einer neuen hätte, und dass die Aufklärung sehr positiv gewirkt hat, ist gegen den starken Widerstand der Kirche geschehen, mit großen Opfern derer, die sich für die Aufklärung eingesetzt haben.

Im Islam ist die Situation der Frauen, mit Ausnahmen bei den Sufi-Mystikern, auch heute noch am bedauerns- und beklagenswertesten, sofern die muslimischen Männer die Schmähungen der Frauen durch die Theologen und Religionsgelehren nicht, wie es glücklicherweise gelegentlich auch geschieht, einfach ignorieren.

Schon im Koran werden den Frauen nur die halben Rechte der Männer zugestanden.

Im Erbrecht werden zwei Töchtern der Erbanteil eines Sohnes zugebilligt (Koran, Sure 4, Vers 11)

Vor Gericht gilt die Zeugenaussage von zwei Frauen so viel wie die eines Mannes (Koran, Sure 2, Vers 282).

Nach Sure 4, Vers 34, ist es den Ehemännern unter bestimmten Voraussetzungen erlaubt, ihre Frauen zu schlagen.

Wohl die frauenfeindlichste und -verächtlichste Aussage im Koran ist die in Sure 2, Vers 223: „Eure Frauen sind euch ein Acker; so naht eurem Acker wann und wie ihr wollt, ..." Hier sind die Frauen nur noch Eigentum der Männer, mit dem diese nach Belieben und nach Lust und Laune umgehen können. Es werden die Männer – als Subjekte - angesprochen, die Frauen sind nur Objekte.

Gemäßigt und modern eingestellte Muslime werden Korantexte dieser Art eher historisch einordnen und heutzutage als unzeitgemäß ignorieren. Eine solche Haltung wird aber von Muslimen wahhabitischer oder salafistischer Prägung als *bid'a*, als unzulässige Neuerung, als innovatorische Abweichung, und damit als Ketzerei angesehen. Diese wahhabitsch oder salafistisch geprägten Muslime sind zwar eine Minderheit, aber keineswegs eine unbedeutende Minderheit, und politisch sind sie äußerst aktiv und unüberhörbar.

Der Prophet selbst, der auf seine Art den Frauen sehr zugetan war und elf Ehen eingegangen sein soll, hat sich sehr widersprüchlich über die Frauen geäußert. In einem berühmten *Hadith*, einer Sammlung der Ausprüche des Propheten heißt es: „Wenn ich meinen Auftrag als Prophet erfüllt habe, wird es in dieser

Welt keine Versuchung mehr geben, die für Männer verhängnisvoller sein kann als die Frauen."[167]

Bei anderen Gelegenheiten hat er sich jedoch positiver geäußert, wie z.B.: „Drei Dinge von eurer Welt wurden mir liebenswert gemacht: die Frauen, die Wohlgerüche und das Gebet," oder: Wer an Gott und den Tag des jüngsten Gerichts glaubt, fügt seinen Nächsten keinen Schaden zu und behandelt die Frauen fürsorglich und liebevoll".[168]

Es sind allerdings Äußerungen einer Haltung von Herablassung und Bevormundung. Von irgend einer Art von partnerschaftlicher Gleichbehandlung oder gar Gleichberechtigung ist das meilenweit entfernt.

Wahrhaft schlimm wird die Missachtung der Frauen, ihres Ansehens und ihrer Würde, schon zu Anfang des Islam unter den vier ersten, den sogenannten rechtgeleiteten Kalifen.

„Nimm deine Zuflucht zu Gott vor den Übeln, welche die Frauen verursachen und hüte dich selbst vor den Frömmsten von ihnen"[169], sagte Omar Ibn al-Chattab, der zweite der rechtgeleiteten Kalifen (634 – 644 n.Chr.), und vom vierten und letzten der rechtgeleite-

---

[167]Erdmute Heller/Hassouna Mosbahi, Hinter den Schleiern des Islam, München 1994, S. 78/79

[168] Erdmute Heller/Hassouna Mosbahi, Hinter den Schleiern des Islam, München 1994, S. 83

[169] ebd., S. 78

ten Kalifen, Ali ibn Abi Talib (656 – 661 n.Chr.), Vetter und Schwiegersohn des Propheten Mohammed, ist überliefert: „Die Frau als Ganzes ist ein Übel. Das Schlimmste an ihr ist jedoch, daß sie ein notwendiges Übel ist."[170]

Der Korangelehrte und Prediger Hassan al-Basri (642 – 728 n.Chr.) wird wie folgt zitiert: „Wer seiner Frau, in dem, was sie begehrt, zu Willen ist, den stürzt Gott in die Hölle."[171]

Zitate dieser Art ließen sich reihenweise fortsetzen. Einer der Wenigen, die dieser Haltung widersprachen und sie kritisierten, war der im Kapitel „Religion und Philosophie" schon erwähnte andalusische Philosoph Ibn Ruschd, latinisiert Averroës (1126 – 1198), der die Wirkung dieser Unterdrückung der Frau für die Entwicklung in den islamischen Ländern wie folgt beschrieb: „In diesen unseren Staaten kennt man die Fähigkeit der Frauen nicht, weil man sie hier nur für die Fortpflanzung einsetzt. Deswegen stellt man sie zur Bedienung ihrer Ehemänner, zum Kinderaufziehen und zum Stillen an. Das macht ihre (anderen möglichen) Aktivitäten zunichte. Weil Frauen in diesen Staaten für keine menschlichen Tätigkeiten für fähig gehalten werden, geschieht es oft, daß sie Pflanzen gleichen. Daß sie in diesen Staaten eine Last

---

[170] ebd., S.79

[171] ebd.

für ihre Männer sind, ist einer der Gründe der Armut dieser Staaten."[172]

Diese geradezu moderne Art der Argumentation, wie sie ja auch heute üblich ist, aus der, wie schon ausgeführt, im Islam so gering geschätzten Philosophie, hatte natürlich keine Wirkung.

Die Frauenfeindlichkeit der Kalifen, Korangelehrten und Prediger war sicher nicht schlimmer als die der mittelalterlichen christlichen Kirchenväter, nur dass die Bedeutung der Letzteren durch Aufklärung im Europa des 18. Jahrhunderts so gut wie gegenstandlos wurde, während das im muslimischen Orient nicht der Fall war.

Eine solche Aufklärung hat im Islam nicht stattgefunden, bzw. blieb ohne Wirkung, wo sie versucht wurde, wie z.B. bei Ibn Rushd/Averroes, zum Teil vielleicht auch, weil eine weite Verbreitung der aufklärerischen Thesen im Islam noch nicht möglich war, da zu der Zeit der Buchdruck noch nicht erfunden war.

Lichtblick in der islamischen Welt mit Bezug auf die Stellung der Frau war im Wesentlichen die Haltung der Sufis. Schon in der Frühzeit des Islam gab es Sufi-Frauen, die hoch geachtet und als Heilige ver-

---

[172] Erdmute Heller/Hassouna Mosbahi, Hinter den Schleiern des Islam, München 1994, S. 82

ehrt wurden, wie Rabi'a al-'Adawiyya in Baṣrah (714 oder 717 – 801).[173]

Der größte Meister (Scheikh al-akbar) Ibn al-'Arabi (siehe Seite 66ff.) sagte: „Der Anblick Gottes in der Frau ist der vollkommenste von allen."[174] Dies ist allgemein Ausdruck des Bekenntnisses zur Liebe in der islamischen Mystik. Die Liebe zur Frau wird eins mit der Liebe zu Gott: „Die Schönheit der Geliebten ist Abglanz des Göttlichen, der Spiegel, in dem sich die Schönheit Gottes bricht."[175]

Für Ibn al-'Arabi waren Männer und Frauen gleichwertig. Dies war keine theoretische Überlegung, sondern es entsprang seiner Erfahrung. Schon in jungen Jahren war unter seinen spirituellen Lehrern eine Lehrerin, die eine entscheidende Rolle für seine Entwicklung einnahm, Fatima bint al-Muthanna in Córdoba. Er diente ihr als Schüler ungefähr zwei Jahre, länger als irgend einem der vielen anderen Gnostiker, bei denen er Unterweisung suchte. Sie war für ihn alles, was ein *Scheikh* für einen *murīd*, also Novizen oder Schüler, sein kann, und diese Erfahrung spiegel-

---

[173] Abū 'Abd ar-Raḥmān as-Sulamī, *Early Sufi Women*, Edited and translates by Rkia Elaroui Cornell, Suhail Academy Lahore, 2005

[174] Erdmute Heller/Hassouna Mosbahi, *Hinter den Schleiern des Islam,* München 1994, S. 88

[175] ebd.

te sich in seinem gesamten umfangreichen Werk (3 – 400 Werke) wider.

Er war der Meinung, dass eine Frau alles kann, was Männer können, dass eine Frau Imam, Vorbeterin sein könne, die Männer und Frauen im Gebet leitet.[176]

Diese Haltung, wie überhaupt die große Toleranz der Sufis, war lange ein Gegenpol zur Orthodoxie im Islam, aber bedauerlicherweise dieser letztendlich unterlegen.

Es verwundert nicht, dass Ibn al-'Arabi, wie auch Ibn Ruschd, den er persönlich kannte, Andalusier war. Andalusien war damals unter arabischer Herrschaft für einige Zeit ein Hort freien Geistes und einer kulturellen Blüte, die dem christlichen Europa um Jahrhunderte voraus war.

Bei einer Andalusienreise sah ich in Córdoba das Denkmal einer andalusischen Dichterin, vermutlich das einzige Denkmal, das einer muslimischen Dichterin zu Ehren errichtet wurde. Es war Wallāda bint al-Mustakfī (994 – 1091, Córdoba), Tochter des 1025 nach kurzer Herrschaftszeit ermordeten Kalifen Muhammad III. al-Mustakfī. Ihr Haus war der Treffpunkt von Intellektuellen und Literaten. Sie missachtete die herrschenden Konventionen und führte ein

---

[176] Souad Hakim, Ibn 'Arabī's Twofold Perception of Woman, https://ibnarabisociety/org/woman-as-human-being-and-cosmic principle, p. 2+3

freies Leben. Eins ihrer Gedichte, in der Übersetzung von Georg Bossong, verdeutlicht das:

Stolz und frei

Ich bin, bei Gott, des höchsten Ranges wert.
Ich gehe meinen Gang erhobnen Hauptes,
und wer mich liebt, dem biete ich die Wange:
dem schenk ich meinen Kuss, der mich begehrt. [177]

Dies war damals in Andalusien möglich, heute in den meisten islamischen Ländern unvorstellbar.

In der Zeit meines Aufenthaltes in Baghdad von 1956 bis 1971 waren die einzigen Frauen, die ein Kopftuch in der streng religiösen Form, mit Verhüllung des Haaransatzes, trugen, katholische Nonnen.

In den letzten dreißig bis vierzig Jahren hat eine stark rückwärts gewandte Entwicklung eingesetzt. Kopftuch und auch Verschleierung sind alltäglich geworden, und selbst bei uns in Deutschland sieht man einen bedeutenden Teil der muslimischen Frauen mit Kopftuch und einige wenige sogar in der Vollverschleierung des Niqab.

Dies ist u.a. eine Folge des Sechstagekrieges vom 5. bis 10. Juni des Jahres 1967, in dem Israel in kürzester Zeit die Armeen Ägyptens, Syriens und Jordaniens in höchst demütigender Weise besiegte und den

---

[177] Georg Bossong (Übersetzer und Herausgeber), *Das Wunder von al-Andalus, Die schönsten Gedichte aus dem Maurischen Spanien*, München 2005, S. 70/71

Ostteil Jerusalems und das Westjordanland, bis dahin Teil des jordanischen Staatsgebietes, besetzte und bis heute besetzt hält. Dies führte zu einer Minderung in der Wertschätzung des arabischen Nationalismus in der Bevölkerung und einer verstärkten Hinwendung zur Religion und einem Erstarken des Islamismus und Salafismus mit der Folge eines Zurückdrängens eines sich bis dahin entwickelnden weiblichen Selbstbewusstseins.

Welch geringen Stellenwert Frauen in islamischen Gesellschaften haben, zeigt sich auch darin, dass allein im Jahre 2019 in der Türkei 474 Frauen von Männern ermordet wurden, und dass selbst angesichts dieser Tatsache die türkische Regierung erwägte, aus der Istanbul-Konvention, die der Europarat 2011 als Rechtsrahmen zur Bekämpfung von Gewalt gegen Frauen geschaffen hatte, auszutreten[178] und dies inzwischen (2021) auch getan hat.

Ganz allgemein stelle ich fest, dass Frauen dort, wo Religion eine dominierende Rolle in der Gesellschaft einnimmt, stark benachteiligt sind. Frauenverachtung und Frauenfeindlichkeit sind Menschenverachtung und Menschenfeindlichkeit.

---

[178] Kurier am Sonntag (Weser-Kurier), Nr. 31 vom 09.08.2020

Agnostizismus

Da ich mich als Agnostiker bezeichne, will ich etwas genauer erklären, was das ist und woher der Begriff kommt.

Der Begriff wurde von dem englischen Naturwissenschaftler und Schriftsteller Thomas Henry Huxley (1825 – 1895) geprägt, der bekannt war als „Darwins Bulldog", weil er aggressiv und kompromisslos Darwins Evolutionstheorie verteidigte, die von den Kirchen stark angegriffen wurde, weil sie im Widerspruch zur biblischen Schöpfungsgeschichte stand.

Huxley bezeichnete sich als Agnostiker, weil er es passend als Antithese zu den „Gnostikern" der Kirchengeschichte fand, die vorgaben, so viel über Dinge zu wissen, die er nicht wusste, und die zu wissen ihm unmöglich schien. Er hielt es für falsch, wenn ein Mensch sagt, er sei einer objektiven Wahrheit sicher, ohne sie logisch beweisen zu können.[179]

Schon der griechische Philosoph Protagoras (490 – 411 v. Chr.), einer der bedeutendsten Sophisten, hat sich im Sinne des Agnostizismus – obwohl es diese Bezeichnung damals noch nicht gab – geäußert: »Über die Götter allerdings habe ich keine Möglichkeit zu wissen (festzustellen?) weder daß sie sind, noch daß sie nicht sind; denn vieles gibt es, was das

---

[179] https://www.thoughtco.com/agnosticism-and-thomas-henry-huxley-248044 (Englisch)

Wissen (Feststellen?) hindert: die Nichtwahrnehmbarkeit und daß das Leben des Menschen kurz ist.«[180]

Infolge der Äußerung dieser Ansicht wurde er wegen Asebie (Gottlosigkeit, Frevel gegen die Götter, Anm. d. Verf.) aus Athen verbannt und ertrank auf der Reise nach Sizilien.

Über Xenophanes, der ähnliche Thesen wie Protagoras vertreten hat, habe ich im Kapitel „Die Gestalt Gottes" geschrieben. Bertrand Russell und Albert Einstein, die sich als Agnostiker bezeichneten, habe ich ebenfalls in vorgehenden Kapiteln erwähnt und zitiert.

Auch Voltaire war – noch bevor es diesen Begriff gab – Agnostiker. Er gab einer seiner Schriften den Titel *Der unwissende Philosoph*, und im *Philosophischen Wörterbuch* schrieb er in Form von Frage und Antwort: *„Ist Gott an einem Ort oder außerhalb aller Orte und zugleich an allen Orten? Ich weiß es nicht. Ist er körperlicher oder geistiger Natur? Woher soll ich das wissen?"*[181]

Ein Agnostiker ist also ein Mensch, der nicht weiß, ob es Gott gibt oder nicht, und wenn es ihn gibt, wel-

---

[180] Hermann Diels, *Die Fragmente der Vorsokratiker*, herausgegeben von Walter Kranz, 10. Auflage, 2. Band, Zürich 1960, S. 265

[181] Georg Holmsten, *Voltaire*, Reinbek bei Hamburg 1971, S. 117

cher Gestalt oder welchen Wesens er ist, da sowohl
Gottes Existenz wie seine Nichtexistenz nicht be-
weisbar sind.

Mein Fazit

Den Stein der Weisen habe ich nicht gefunden. Ich weiß nichts, und über dieses Nichtwissen mache ich mir unbeschwert, nicht leichtsinnig aber dennoch leichten Sinnes, meine Gedanken. Ich habe beim Schreiben dieses Buches sehr viel gelernt, über mich selbst und, wenn auch nicht über Gott, so doch über Religion.

Ich bin zufrieden mit der für mich gewonnenen Erkenntnis, dass der Mensch über Gott nichts wissen kann, dass das ein Geheimnis bleiben wird, das der Mensch nicht erforschen und lösen wird. In dieser Hinsicht wird alles nur Annahme und Spekulation bleiben, wie Xenophanes und Protagoras schon vor zweieinhalb Jahrtausenden erkannt haben.

Schlimm ist nur, dass die Menschen sich wegen unbeweisbarer Annahmen und Spekulationen gegenseitig die Köpfe einschlagen. Wenn es Gott gäbe und er so menschlicher Vorstellung entspräche, wie sie in den monotheistischen Religionen verkündet wird, könnte er nur den Kopf schütteln. Es zeigt, wie sehr der Glaube, besonders wenn er dogmatisch ist, der Liebe und dem Wissen im Wege steht und dadurch ausgrenzt, Toleranz und Empathie behindert, humanistisches Denken und folgerichtiges Handeln erstickt.

Abū Bakr ar-Rāzī, den ich schon im Kapitel „Das Wesen der Religion" erwähnt habe, sagte: „Wenn man religiöse Menschen nach dem Beweis für die

Stichhaltigkeit ihrer Religion fragt, entflammen sie, werden wütend und vergießen das Blut dessen, der sie mit dieser Frage konfrontiert. Sie verbieten rationale Überlegungen und trachten danach, ihre Feinde zu töten. Das ist der Grund, warum die Wahrheit gründlich zum Schweigen gebracht und verborgen wurde."[182]

Ähnlich argumentierte Voltaire. Er beschrieb in seiner Erzählung *Zadig oder das Geschick* ein Zusammentreffen von Kaufleuten aus vielen Ländern und vieler verschiedener Religionen auf einem Markt in Bassora (Basrah, die irakische Hafenstadt, Anm. d. Verf.). Alle beschrieben in Anwesenheit des weisen Zadig, Voltaires Titelhelden, was sie anbeten, der Ägypter den Stier Apis, der Inder die Kühe, der Chaldäer den Fisch Oannes, der Mann aus Kambalu den Li oder Tian, der Grieche das Chaos, der Kelte den Teutath und die Eichenmistel, und auch verschiedene andere priesen ihre Tiere oder Götzen als die einzigen wahrhaft Anbetungswürdigen.

Der Streit darüber drohte in Gewalt auszuarten. »Zadig, der während des ganzen Streites schweigend zugehört hatte, erhob sich nun und wandte sich zunächst an den Kelten als an den Wütendsten; er sagte ihm, er habe durchaus recht, und bat ihn um eine Mistel; darauf lobte er den Griechen um seiner Beredsamkeit willen und beschwichtigte so nacheinan-

---

[182] Jim al-Khalili, Im Haus der Weisheit, Frankfurt am Main, 2010, S. 242

der alle erregten Gemüter. Zu dem Mann aus Kathay sprach er nur wenig, denn dieser war der verständigste von allen gewesen, und dann wandte er sich an die ganze Gesellschaft: „Meine Freunde," sagte er, „fast hättet ihr euch um ein Nichts die Köpfe zerschlagen, denn ihr seid alle ein und derselben Meinung." Gegen diese Worte erhob sich ein allgemeines Geschrei. „Nicht wahr," sagte er zu dem Kelten, „du betest doch nicht diese Mistel an, sondern den, der die Mistel und die Eiche gemacht hat?" „Gewißlich" erwiderte der Kelte. „Und du, mein Herr Ägypter, du verehrst augenscheinlich in einem bestimmten Tier den, der euch die Tiere gegeben hat?" „Ja", sagte der Ägypter. „Der Fisch Oannes muß doch sicherlich vor dem zurücktreten, der das Meer und die Fische erschaffen hat?"

„Zugegeben", sagte der Chaldäer. „Auch der Inder hier und der Mann aus Kathay erkennen gleich euch ein höchstes Urwesen an. Die herrlichen Sachen, die der Grieche vorgebracht hat, habe ich nicht allzu gut verstanden, aber ich bin überzeugt, daß auch er ein höheres Wesen zugibt, dem Form und Stoff untertan sind." Der Grieche, der allgemein bewundert wurde, erklärte, Zadig habe seine Gedanken richtig erfaßt. „Ihr seid also alle einer Meinung," wiederholte Zadig, „und es ist unerfindlich, worüber ihr euch eigentlich zanken solltet!" Da umarmten ihn alle.«[183]

---

[183] Voltaire, *Zadig oder Das Geschick, Eine morgenländische Geschichte*, Insel-Bücherei Nr. 171, Leipzig 1950, S. 43-45

Ich verabscheue Dogmatismus. Endgültige und „alleinseligmachende" Wahrheiten gibt es für mich nicht. So lange die Religionen offen und tolerant sind, solange sie nicht missionieren, habe ich nichts gegen sie. Doch leider werden sie von ihren menschlichen Vertretern durch Dogmatismus, Fanatismus, Heuchelei, Druck, Zwang, Verfolgung Andersdenkender und durch Frauenfeindlichkeit pervertiert und beschmutzt. Ich erkenne durchaus an, dass es in allen Religionen gut meinende und gut handelnde Menschen gibt. Leider sind sie nicht die Bestimmenden und Tonangebenden. Diese Beschreibung trifft auf viele Teile der Welt auch heute noch zu, besonders auf die Länder, in denen keine Demokratie existiert, oder in denen die demokratische Entwicklung noch schwach ausgeprägt ist, und auf die, in denen die Religion zu politischen Zwecken missbraucht wird. Auf viele fortschrittliche Gemeinden in Nord-, Mittel- und Westeuropa zum Beispiel trifft meine Kritik nicht mehr oder nur in minderem Maße zu.

Wenn heute z.B. der Islam als besonders aggressiv, zum Teil dogmatisch bis hin zu gewaltbereit wahrgenommen wird, so gab es in seiner Geschichte Zeiten, zu denen größtmögliche Offenheit und Toleranz herrschte. So schreibt hierüber der deutsche Schriftsteller und Orientalist iranischer Abstammung, Navid Kermani: „Das «Wir» etwa in der arabischen Philosophie oder der arabischen Dichtung ist oft genug kein « Wir Muslime », « Wir Juden » oder « Wir Christen »; es ist ein « Wir Philosophen » dem das « Ihr » etwa der Mystik oder der Rechtswissenschaft entgegengesetzt wird, seien diese islamisch oder jüdisch. Averroës und Maimonides wurden im nicht-arabischen Teil Europas nachträglich als Muslim und Jude unterschieden, im arabischen Kulturraum galten beide als zwei Vertreter der andalusischen Philosophie. Genauso wie Maimonides sich auf Werke muslimischer Autoren bezog, hatte er selbst wieder muslimische Leser, darunter Dozenten, die einem jüdischen Publikum die Philosophie Maimonides' erklärten. Ein muslimischer Philosoph wie al-Fārābī (gest. ca. 950) hat, ohne daß es weiter bemerkenswert gefunden worden wäre, einen großen Teil seiner Ausbildung bei dem nestorianischen Lehrer Ibn Yunus (gest. 940) erlangt, der wiederum christliche und muslimische Lehrer gehabt hatte. Dieser und unzählige andere Fälle von Interaktionen waren möglich und selbstverständlich, weil sich jüdische, christliche und muslimische Intelligenz des arabisch geprägten Kulturraums mit denselben Grundfragen beschäftigte, ohne notwendig dieselben Antworten zu geben oder die sozialen und rechtlichen Unterschiede zwischen den Gruppen aufzuheben."[184]

Solche Offenheit und Toleranz sind mir wichtig und sympathisch, auch wenn ich den Glauben der Protagonisten nicht teile.

Der Sufi-Mystiker Al-Hallādsch war ein Sucher, der sagte: „Wer die göttliche Wahrheit mit dem Licht des

---

[184] Navid Kermani, *Der Schrecken Gottes, Attar, Hiob und die metaphysische Revolte*, 2. Auflage, München 2015, S. 249

Glaubens sucht, ist wie einer, der die Sonne mit dem Licht der Sterne sucht."[185]

Sein berühmter Ausspruch „Ich bin die (göttliche) Wahrheit" (انا الحق Anā 'l-Ḥaqq) interpretierten spätere islamische Mystiker als Ausdruck der Einheit alles Seienden, d.h. als Pantheismus. Auch europäische Wissenschaftler betrachteten ihn als »Pantheisten von reinstem Wasser«.[186] Dieser Ausspruch brachte ihm den Vorwurf der Ketzerei und Gotteslästerung ein. Der Vorwurf war um so schwerwiegender, als *Al-Ḥaqq* im Islam einer der sogenannten schönen Namen Gottes ist. Wegen dieser Vorwürfe wurde Al-Hallādsch in Bagh-dad im Jahre 922 grausam hingerichtet.

Auch ich suche weiter, obwohl ich weiß, dass mir eine Gewissheit immer versagt bleiben wird. Aber: der Weg ist das Ziel. Ich halte als Agnostiker die Existenz Gottes zwar für möglich, denke aber, dass wenn es ihn gibt, sein Wesen von einer Art ist, die jedes menschliche Vorstellungsvermögen übersteigt, so in der Art, wie ich eigensinnigerweise – entgegen dem Glauben der Muslime – die 112. Sure des Korans (siehe Einleitung) interpretiere.

Für mich ist der Zweifel ein Lebensprinzip. Der Zweifel hindert mich daran, in einer gefundenen, als

---

[185] Annemarie Schimmel, *Al-Halladsch – „O Leute, rettet mich vor Gott"*, Freiburg im Breisgau 1995, S. 94

[186] ebd., S. 10

endgültig empfundenen Überzeugung auszuruhen und still zu stehen. Er hält mich lebendig, lässt mich weiter suchen und denken.

Ich bemühe mich, Albert Einsteins Beispiel zu folgen und mir eine Haltung der *„Bescheidenheit entsprechend der Schwäche meines intellektuellen Verständnisses der Natur und meines eigenen Daseins"* (Zitat: Albert Einstein, Brief an Guy Raner, siehe S. 75) zu eigen zu machen.

Wenn selbst ein so anerkannter und geachteter Führer einer Religion, wie Tenzin Gyatso, der 14. Dalai Lama, sagt, dass Ethik besser sei als Religion, dann muss ich dem nichts hinzufügen.

Falls es Gott, entgegen all meinen Zweifeln, doch so geben sollte, wie meine gläubigen Nachfahren glauben, dann hat er mich zu dem Zweifler gemacht, der ich bin.

Zweifel

Zum Schluss möchte ich noch eine sprachliche Betrachtung der Wörter Zweifel, Zweifler und Verzweiflung anfügen.

Wie aus diesem Buch und seinem Titel unschwer zu ersehen ist, bin ich in meiner Selbstbetrachtung ein Zweifler. In der deutschen Sprache stehen die Wörter Verzweiflung und Zweifel in einer sprachlichen Nähe, obwohl sie nichts miteinander zu tun haben und in ihrer Bedeutung in keiner Beziehung zueinander stehen. Dadurch wird der Begriff Zweifel stark abgewertet und ins Negative herabgezogen. Sagt das etwas über uns Deutsche? Sind wir so gewissheitsbedürftig und gewissheitsbesessen, dass schon bei dem Wort Zweifel der Gedanke an Verzweiflung auftaucht? Schätzen wir die Gewissheit so viel mehr, selbst wenn sie sich bei genauerer Betrachtung als trügerisch herausstellen sollte?

Zweifeln ist Denken, und zwar so, dass Gegebenes nicht einfach hingenommen wird, wie es an der Oberfläche erscheint oder wie es präsentiert wird. Es ist das Streben nach Erkenntnis und schließt die Hoffnung ein, zu neuer Erkenntnis zu gelangen und am Ende klüger zu sein als vorher.

Verzweiflung ist Hoffnungslosigkeit und hat mit Zweifeln nichts zu tun. In den meisten anderen Sprachen gibt es diese Beziehung von Zweifel und Verzweiflung nicht. Im Französischen hat Zweifel „*doute*" sprachlich nichts mit Verzweiflung „*désespoir*" zu tun. Dort ist die Bedeutung Hoffnungslosigkeit auch sprachlich zu erkennen (Hoffnung = *espoir*). Ähnlich ist es auch im Englischen. Das Wort „*doubt*" (Zweifel) steht in keiner Beziehung zu „*despair*" (Verzweiflung). Auch im Arabischen haben Zweifel nichts mit Verzweiflung zu tun.

Natürlich können Zweifel nagen, und man kann sich mit ihnen plagen. Aber wenn ein Problem gelöst oder eine Entscheidung gefällt werden muss, wenn die Zweifel zu sorgfältiger Überlegung, zu gründlicher Analyse und einer guten Lösung des Problems führen, sind sie ja von Nutzen und sollten positiv bewertet werden. Nach René Descartes ist der Zweifel der Weisheit Anfang.

Literaturhinweise:

Nasr Hamid Abu Zaid, *Die Frauenfrage zwischen Fundamentalismus und Aufklärung*, in *Islam, Demokratie, Moderne, Aktuelle Antworten arabischer Denker*, herausgegeben von Erdmute Heller und Hassouna Mosbahi, München 1998

Adonis, *Gewalt und Islam, Im Gespräch mit Houria Abdelouahed*, Aus dem Französischen von Chistine und Neil Belakhdar, Bremen 2016

Adonis, *Kultur und Demokratie in der arabischen Gesellschaft*, in *Islam, Demokratie, Moderne, Aktuelle Antworten arabischer Denker*, herausgegeben von Erdmute Heller und Hassouna Mosbahi, München 1998

Adonis, *Die Sackgasse der Moderne in der arabischen Gesellschaft*, in *Islam, Demokratie, Moderne, Aktuelle Antworten arabischer Denker*, herausgegeben von Erdmute Heller und Hassouna Mosbahi, München 1998

Jan Assmann, *Die Mosaische Unterscheidung oder der Preis des Monotheismus*, München/Wien 2003

Philosophie und Theologie von Averroes, übersetzt von Marcus Joseph Müller, COLLEGIA Philosophische Texte, VCH Acta humaniora, Weinheim 1991 (Zitat aus dem Nachwort von Matthias Vollmer)

Sadik J. Al-Azm, *Unbehagen in der Moderne*, Frankfurt am Main, 1993

Simone de Beauvoir, *Das andere Geschlecht*, Reinbek bei Hamburg, 1968

Ernest Bornemann, *Das Patriarchat*, Frankfurt (Main), 1975

Georg Bossong (Übersetzer und Herausgeber), *Das Wunder von al-Andalus, Die schönsten Gedichte aus dem Maurischen Spanien*, München 2005

Louis Bromfield, *Zwei Sommer*, Gütersloh 1960

Hermann Diels, Die Fragmente der Vorsokratiker, herausgegeben von Walther Kranz, 10. Auflage, 2. Band, Zürich 1960

Encyclopaedia of Islam (EI), E. J. Brill, Leiden, 1991

Deborah Feldman, *Unorthodox*, Übersetzung von Christian Ruzicska, btb Verlag, München

Ludwig Feuerbach, *Das Wesen des Christentums*, 3. Auflage, Reclams Universalbibliothek Nr. 4571

Ludwig Feuerbach, *Geschichte der neuern Philosophie von Bacon bis Spinoza*, Verlag Philip Reclam jun., Leipzig 1976

Sigmund Freud, *Das Unbehagen in der Kultur*, Wien 1930

Khalil Gibran, *Der Prophet*, Walter Verlag Olten und Freiburg im Breisgau, 23. Auflage, 1988

Goethe Gedichte, herausgegeben und kommentiert von Erich Trunz, München 2007, S. 367

Heinrich Heines sämtliche Werke, Max Hesse's Verlag, Leipzig, Bd. III und Bd. VII

Erdmute Heller/Hassouna Mosbahi, *Hinter den Schleiern des Islam*, München 1994

Georg Holmsten, *Voltaire*, Reinbek bei Hamburg 1971

Muhyiddin Ibn Arabi, *Der verborgene Schatz, Des größten Meisters mystische Philosophie der Einheit aller Existenz*, Zürich 2006, aus dem Englischen übersetzt und herausgegeben von Stefan Bommer, mit einer Einführung von Bulent Rauf

James Joyce, *Ein Porträt des Künstlers als junger Mann*, übersetzt von Klaus Reichert, Süddeutsche Zeitung | Bibliothek, München 2004

Navid Kermani, *Der Schrecken Gottes, Attar, Hiob und die metaphysische Revolte*, 2. Auflage, München 2015

Jim Al-Khalili, *Im Haus der Weisheit, Die arabischen Wissenschaften als Fundament unserer Kultur*, Frankfurt am Main 2011

Omar Khayyam, *Die Sinnsprüche Omars des Zeltmachers, Rubaijat-i-Omar-i-Khajjam*. aus dem Persischen übertragen von Friedrich Rosen, III. Auflage, Deutsche Verlagsanstalt 1919

Klaus Kienzler, *Der religiöse Fundamentalismus, Christentum, Judentum*, Islam, München 1996

Der Koran, in der Übersetzung von Friedrich Rückert, Ergon Verlag, Würzburg 2001

Peter Kunzmann, Franz-Peter Burkard, *dtv-Atlas Philosophie*, München 2011

Abul Ala Al-Maarri: *Die Notwendigkeit des Unnützen*, Gedichte: Deutsch von Cyrus Atabay, Verlag Eremiten-Presse

Abū l–'Alā' Al-Ma'arri, *Paradies und Hölle*, Aus dem Arabischen übersetzt und herausgegeben von Gregor Schöler, München 2002

Thomas Mann, *Joseph und seine Brüder*, Frankfurt 2000

Jaap Mansfeld: *Die Vorsokratiker I, Milesier, Pythagoreer, Xenophanes, Heraklit, Parmenides*, Philipp Reclam Jun., Stuttgart 1983, Universal-Bibliothek Nr. 7965

Michael Mitchiner, *The World of Islam – Oriental Coins and their Values*, London 1977

Katharina Mommsen, *Goethe und die Arabische Welt*, Frankfurt am Main 1988

Friedrich Nietzsche, *Also sprache Zarathustra*, Reclam Universal Bibliothek Nr.7111, Stuttgart 1994

Friedrich Nietzsche, *Der Antichrist*, Berlin 1941

Friedrich Nietzsche, *Morgenröte – Idyllen aus Messina - Die fröhliche Wissenschaft*, Kritische Studienausgabe (KSA 3), München 1999

Gesine Palmer (Hrsg.), Fragen nach dem einen Gott, Tübingen 2007,   S. 50

Detlev Quintern / Kamal Ramahi, *Qarmaten und Iḫwān as-safā', Gerechtigkeitsbewegungen unter den Abbāsiden und die Universalistische Geschichtstheorie*, Hamburg 2006

Fritz J. Raddatz, *Taubenherz und Geierschnabel – Heinrich Heine, Eine Biographie*, Weinheim und Berlin 1997

Friedhelm Rathjen, *James Joyce*, Reinbek bei Hamburg, 2004

Ulrich Rudolph, Islamische Philiosophie, 4. Auflage, München 2018

Bertrand Russell, *Warum ich kein Christ bin – über Religion, Moral und Humanität*, Rowohlt Taschenbuch Verlag, Reinbek bei Hamburg, 1968

Rüdiger Safranski, *Goethe – Kunstwerk des Lebens*, München 2013

Annemarie Schimmel, *Al-Halladsch – „O Leute, rettet mich vor Gott"*, Freiburg im Breisgau 1995

Annemarie Schimmel, Rumi – Ich bin Wind und du bist Feuer, Köln, 1978

„SPIEGEL BESTSELLER" Das Kulturmagazin, Winter 2020

Sternburg, Wilhelm von, *Lessing,* Reinbek bei Hamburg 2010

Lina Mikdadi Tabbara, *Survival in Beirut – a diary of civil war,* London 1977, aus dem Französischen ins Englische übersetzt von Nadia Hijab

https://www.thoughtco.com/agnosticism-and-thomas-henry-huxley-248044 (Englisch)

Bassam Tibi, *Der religiöse Fundamentalismus im Übergang zum 21. Jahrhundert,* Mannheim 1995

Bassam Tibi, *Kreuzzug und Djihad,* München 2001

Voltaire, *Zadig oder Das Geschick, Eine morgenländische Geschichte,* Insel-Bücherei Nr. 171, Leipzig 1950

www.welcker-online.de/Texte/Erasmus/torheit.pdf

Ludwig Winiger: Ludwig Feuerbach, *Denker der Menschheit,* Aufbau Taschenbuch Verlag GmbH, Berlin 2004

„DIE ZEIT" Nr. 9, 22. Februar 2018, Seite 8, Erich Follath, „Dieser Mann ist ein Hetzer"

Namen- und Sachregister

Der Autor

Ernst Günther Weber

geboren 1936 in Hellerau bei Dresden, aufgewachsen in Bremen, lebte als Außenhandelskaufmann von 1956 bis 1971 in Baghdad, Irak. Dort in erster Ehe mit einer irakischen Christin verheiratet. Seit 1971 wieder in Bremen, in zweiter Ehe verheiratet.

Veröffentlichungen bisher: ein numismatisches, auch international beachtetes und zitiertes Werk: „Arabo-Sasanidische Drachmen" (2013, ausverkauft) , zahlreiche Aufsätze in numismatischen Fachzeitschriften und ein kleines Gedichtbändchen: „Das Lächeln des Stoikers beim Zahnarzt" (2020) und autobiographische Texte unter dem Titel „Risse und Gabelungen" (2020).